意见分歧资产定价模型与定期信息披露：理论和中国经验

李凤羽 著

本书得到国家自然科学基金（71171036，71072140，70871019）、教育部人文社会科学青年基金项目(12YJC790091)、辽宁省教育厅人文社会科学重点研究基地专项项目(ZJ2013037，ZJ2013043)、以及辽宁省教育厅科学研究一般项目(W2013206)资助

科学出版社
北 京

内 容 简 介

本书全面地介绍了意见分歧资产定价模型的主要理论、分析方法和实际应用，全书内容分为上、下两篇：上篇为“理论篇”，主要介绍意见分歧资产定价模型的基本理论及最新进展，同时将相关的理论分析方法融入其中；下篇为“中国经验篇”，以A股市场上市公司定期披露的年度财务报告为样本，分析投资者意见分歧在年报披露前后的变动及其引起的股价反应，从而应用意见分歧资产定价理论解释中国资本市场存在的实际问题。

本书力图站在国际学术前沿，全面、系统地介绍意见分歧资产定价理论及最新进展。本书不仅尽可能准确地展示意见分歧资产定价理论的基本分析框架和最新研究成果，而且尝试使用这一理论解释中国资本市场存在的实际问题。因此，本书既可以作为研究生和博士生的课堂教材，也可以作为从事相关领域研究的国内学者的参考书。

图书在版编目(CIP)数据

意见分歧资产定价模型与定期信息披露：理论和中国经验／李凤羽著．—北京：科学出版社，2013

ISBN 978-7-03-038419-5

Ⅰ．①意…　Ⅱ．①李…　Ⅲ．①股票市场－资产评估－研究－中国　Ⅳ．①F832.51

中国版本图书馆CIP数据核字(2013)第194292号

责任编辑：马　跃／责任校对：贾如想
责任印制：阎　磊／封面设计：蓝正设计

科学出版社 出版

北京东黄城根北街16号
邮政编码：100717
http://www.sciencep.com

北京通州皇家印刷厂 印刷

科学出版社发行　各地新华书店经销

*

2013年8月第　一　版　开本：720×1000 B5
2013年8月第一次印刷　印张：8 1/4
字数：167 000

定价：52.00元

（如有印装质量问题，我社负责调换）

前 言

资产定价、公司金融以及金融市场与机构一起构成了现代金融学的三大核心领域。所谓资产定价，是指研究不确定环境下如何对金融资产进行估值的理论。金融资产的正确定价是一切金融决策的前提和依据，是金融市场实现资源跨期配置以及保证配置效率的最重要决定因素。对资产定价理论进行的研究对于企业和个人的金融决策具有重要的意义。除此之外，我们也可实证性地利用资产定价理论来理解和解释某一风险资产的预期价格或收益水平，如果该资产的价格偏离理论的预测，那么就为利用资产定价理论提供了两种可能：一是为精明的投资者提供有利可图的投资机会；二是理论与实际脱节而需要修正理论。其中，前者为机构投资者或职业投资人提供广阔的运作空间，后者是金融学术界推动资产定价理论发展的原动力(汪昌云和汪勇祥　2007)。

资产定价理论经历了长期的发展过程，其中最早的规范性研究可以追溯到18世纪Crammer和Bernoulli发表的拉丁文论文，他们在那时就对不确定环境下的投资决策进行了最初的思考，提出投资者在追求财富最大化的同时也要求风险最小化。此外，Bernoulli还提出，资产的价格取决于期望效用而不是期望收益，同时财富的边际效用是递减的，从而为金融资产的定价奠定了基础。20世纪早期，von Neumann和Morgenstein于1947年建立了期望效用的公理化结构，而Arrow和Debrew则将资产定价纳入一般均衡理论框架，从而将传统的经济学分析方法应用于资产定价问题。

1952年，Markovits使用收益率方差描述资产风险，使用收益率的均值描述资产的期望收益，创立了完整的均值-方差分析框架。在此之后，资产定价理论迎来了历史上的黄金发展时期，这一时期标志性的研究成果包括资本资产定价模型(capital asset pricing model，CAPM)、套利定价模型(arbitrage pricing theory，APT)、期权定价模型(black-scholes option pricing theory，OPT)和随机贴现因子理论。从此，资产定价理论从传统的经济学研究中独立出来，形成了自身独立的理论研究体系。理论研究的不断完善带动了实证研究的蓬勃发展，大量涌现的实证文献对资产定价理论进行验证，发现上述理论仍不能完全解释金融市场的某些异常现象，如动量效应、盈余公告效应、交易量之谜、股权溢价之谜等，这推动了理论研究者尝试寻找新的资产定价理论解释上述市场异象。此后诞生的行为资产定价理论、非对称信息理论和微观结构理论分别放松了传统资产定价理论关于理性投资者、信息对称和市场摩擦的假设，进一步完善和发展了传统资产定价理论，并试图解释金融市场中存在的各种异常现象。尽管上述理论在解释金融市场各种收益异象(包括动量效应、盈余公告效应和股权溢价之谜等)方面取得了一定的进展，但仍无法充分解释金融市场上存在的各种复杂的量价关系。无论是发达国家还是新兴市场国家的证券市场，股价变动都与交易量的变动紧密关联，两者之间的关联很难用上述资产定价理论来解释，这是因为上述理论大都认为交易量的产生主要来自无法预期的投资者流动性需求和组合调整需求，而这一观点无法解释证券市场数以亿计的交易量(Hong and Stein 2007)。因此，理论研究开始从其他途径探讨交易量产生的原因及量价关系。在这一背景下，意见分歧模型应运而生。与传统的资产定价理论相比，意见分歧资产定价模型放松了投资者同质预期的假设，在假设市场存在卖空限制的条件下，探讨投资者意见分歧对资产均衡价格的影响。由于意见分歧是投资者彼此间达成交易的主要原因，因此意见分歧模型能够很好地将资产价格和交易量统一起来，从而更好地解释市场上各种量价关系。

与意见分歧资产定价理论在国外的蓬勃发展相比，该理论在国内尚未引起学者们的足够重视，相关的文献尤其是专门的学术专著较为少见。与国外成熟股票市场相比，我国A股市场具有新兴加转轨的特征，其最显著的特点是长期以来一直实行较为严格的卖空限制。另外，A股市场散户比例较高的投资者结构以及信息传播不畅的特征也使我国投资者更容易对股票未来价值产生意见分歧。一个基本判断是，我国A股市场与国外成熟市场相比在交易制度和投资者意见分歧形成机制方面更加符合意见分歧资产定价理论模型的基本假设，因此我们有理由认为意见分歧资产定价理论应该更符合我国A股市场的实际情况。以我国A股市场为对象的研究不仅有助于我们验证国外意见分歧资产定价模型的已有研究成果，而且有助于我们发现在国外成熟市场上不易发现的现象，从而丰富这一领域的研究内容。

基于此，本书以意见分歧资产定价模型的理论和实证研究为主要内容，旨在介绍和梳理该领域的理论体系和最新进展，同时应用意见分歧资产定价理论对A股市场的各种现象进行解释。为了使研究内容更为具体，本书选择A股市场定期披露的盈余公告为研究对象，基于意见资产定价理论对盈余公告披露前后的市场反应尤其是股价反应进行研究，在应用意见分歧资产定价理论解决A股市场实际问题的同时，也对已有的理论体系进行扩展和完善。

本书是在我的博士学位论文和近三年相关课题报告研究基础上经过修改整理而成的。其中，课题报告包括：国家自然科学基金（71171036，71072140，70871019)、教育部人文社会科学青年基金项目(12YJC790091)、辽宁省教育厅人文社会科学重点研究基地专项项目(ZJ2013037，ZJ2013043)，以及辽宁省教育厅科学研究一般项目(W2013206)。本书的撰写得到了东北财经大学经济与社会发展研究院、东北财经大学金融学院各位领导和老师的大力支持，在此表示衷心的感谢。特别要感谢我的博士生导师史永东教授，本书的写作和最终出版与他不辞辛劳的理论指导和沟通联系密不可分。最后，我还要感谢科学出版社和马跃编辑，他们严谨的工作作风、认真敬业的工作态度以及训练有素的专业水平为本书的顺利出版提供了强有力的保障，在此向他们表示诚挚的谢意。

李凤羽
2013 年 5 月于东北财经大学师学斋

目录

前言

上篇 理论篇

第 1 章 理论概述 …… 3
1.1 相关概念的区分 …… 3
1.2 意见分歧的形成原因 …… 5
1.3 意见分歧与卖空限制 …… 9
1.4 意见分歧与其他套利限制 …… 11
第 2 章 意见分歧与股价形成机制 …… 13
2.1 静态意见分歧资产定价模型 …… 13
2.2 动态意见分歧资产定价模型 …… 15
第 3 章 意见分歧衡量指标 …… 19
3.1 分析师盈余预测指标 …… 19
3.2 市场交易数据指标 …… 21
3.3 微观数据指标 …… 22
3.4 其他指标 …… 24
第 4 章 意见分歧与市场异象 …… 25
4.1 意见分歧与资产泡沫 …… 25

4.2 意见分歧与信用周期……………………………………………………………… 29
4.3 意见分歧与市场暴跌……………………………………………………………… 32
4.4 意见分歧与 IPO 溢价 …………………………………………………………… 33
4.5 意见分歧与动量效应……………………………………………………………… 34
第5章 意见分歧与公开信息披露期间的市场反应…………………………………… 36
5.1 意见分歧与信息披露期间的交易量……………………………………………… 36
5.2 意见分歧与信息披露引起的股价反应…………………………………………… 37
第6章 意见分歧与其他问题…………………………………………………………… 45
6.1 意见分歧与上市公司投融资决策………………………………………………… 45
6.2 意见分歧与社会福利……………………………………………………………… 47

下篇 中国经验篇

第7章 盈余公告的意见分歧收敛效应及其股价反应…………………………………… 53
7.1 理论分析与研究假说……………………………………………………………… 54
7.2 样本选择与变量…………………………………………………………………… 55
7.3 实证结果及分析…………………………………………………………………… 58
7.4 进一步扩展………………………………………………………………………… 63
7.5 结论………………………………………………………………………………… 65
第8章 异质解释与盈余公告期间的股价反应………………………………………… 66
8.1 理论分析与研究假说……………………………………………………………… 66
8.2 样本选择与变量…………………………………………………………………… 69
8.3 实证结果及分析…………………………………………………………………… 72
8.4 结论………………………………………………………………………………… 78
第9章 异质解释与盈余公告后的股价漂移…………………………………………… 80
9.1 理论分析与研究假说……………………………………………………………… 81
9.2 样本选择与变量…………………………………………………………………… 86
9.3 实证结果及分析…………………………………………………………………… 89
9.4 结论………………………………………………………………………………… 96

第 10 章 异质解释与公告期间股价对好、坏消息的非对称反应 ………… 97

10.1 理论分析和研究假说 ………… 98

10.2 样本选择与变量 ………… 103

10.3 实证结果及分析 ………… 104

10.4 结论 ………… 112

参考文献 ………… 113

上篇

理论篇

第1章 理论概述

1.1 相关概念的区分

传统的资产定价模型假设所有投资者对于相同资产未来收益的概率分布具有相同的预期或判断，我们称之为同质期望(homogeneous expectations)或同质信念(homogeneous beliefs)。然而，现实中的证券市场很难满足这一假设，这是因为同质信念需要满足两方面条件：一是所有信息对所有投资者免费并且同时到达；二是所有投资者的信息处理方式相同(张圣平 2002)。这两个条件在现实的股票市场中很难得到满足。因此，异质信念(heterogeneous beliefs)或意见分歧(opinion divergence)是一个更符合实际的假设。目前，国内外学者对异质信念与意见分歧假设并没有进行清晰的界定，在研究过程中也存在概念上的混淆。

严格意义上讲，意见分歧资产定价理论属于广义的异质信念资产定价理论研究的一个分支。所谓异质信念，是指不同投资者对同一只股票在相同持有期下的收益分布所具有的不同的判断(张维和张永杰 2006)。传统的异质信念资产定价理论并未对投资者异质信念的成因进行讨论，而只注重分析异质信念的定价含义。随着异质信念资产定价研究的逐渐深入，这一领域的理论研究逐渐分化为两个分支：一种是理性预期模型，这类模型假定投资者是完全理性的，投资者彼此之间的异质信念属于私人信息，投资者会根据其他投资者的交易行为判断其隐藏的关于股票未来价格的信念，并做出相应的投资决策。另一种是有限理性模型，这类模型假设投资者是有限理性的，有限理性的存在使得投资者对其他投资者的预期(或信念)视而不见，而只根据自身的预期进行投资决策。也就是说，投资者允许分歧的存在(agree to disagree)，因此，这类模型也被称为意见分歧模型。本书主要以意见分歧模型为研究对象，在投资者有限理性假设下，探讨意见分歧对资产定价的影响。

异质解释(heterogeneous interpretations)是投资者之间意见分歧产生的重要原因(Hong and Stein 2007)。所谓异质解释，是指投资者之间的差异(如先验信念和有限理性等)和信息解读的复杂性使得他们在面对相同公开信息时也会得到不同的结论。Zhang(2006)认为，从盈余信号到股票估值的分析过程即使对经验老练的金融分析师来说也相当复杂，分析过程的复杂性导致不同的投资者容易对盈余信息产生异质解释。对于盈余信息而言，对盈余信息的异质解释体现了投资者信念修正的差异(Chang et al. 2009)，这种信念修正差异本身就反映出投资者之间存在意见分歧。尽管如此，异质解释和意见分歧在应用范围上还是存在一定区别的。从已有研究来看，经验研究主要使用异质解释来衡量某一具体公开信息披露引起的投资者意见分歧的变动，如盈余公告、兼并重组信息发布以及宏观信息等，计量上主要使用信息披露期间的交易数据构建衡量指标，并且需要剔除信息披露前投资者意见分歧引起的交易数据变动；研究方法主要以事件研究为主，如Garfinkel和Sokobin(2006)、Anderson等(2007)以及Alexandridis等(2007)。而意见分歧的适用范围更广，它既适用于衡量某一具体的公开信息披露期间投资者信念修正的差异，同时也适用于衡量某一时间区间上所有信息引起的投资者信念修正差异，指标构建上也较为灵活。目前，国内外学者并未对意见分歧和异质解释进行明确的区分，在研究过程中存在概念混淆，如陈国进等(2008)、葛琦(2007)、周晖等(2008)实际上讨论的就是投资者对盈余信息异质解释与公告后股价漂移之间的关系。

对于本书的研究内容而言，我们需要对意见分歧和异质解释进行明确区分，因为本书的研究内容涉及公告前、公告期间和公告后投资者意见分歧变动的动态过程及其股价效应。已有研究显示，一方面，盈余公告会对公告前投资者的意见分歧产生收敛效应，导致投资者意见分歧在公告期间显著降低(Berkman et al. 2009)；另一方面，投资者对盈余信息的异质解释又会在投资者之间产生新的意见分歧(Zhang 2006；Garfinkel and Sokobin 2006)。之所以会产生两种不同的结论，主要是因为，与其他公开信息披露一样，盈余公告也由信息内容(information content)和噪声(noise)两部分构成。其中，前者包含了公司股价未来变动的有用信息，有助于提高投资者对公司未来股价变动估计的准确性，从而有利于降低投资者之间存在的意见分歧；而后者则会导致投资者对盈余信息产生不同解读，从而会扩大投资者之间的意见分歧。已有研究通常将盈余公告的两种效应割裂开来，通过事件期的选取分别研究两种效应对信息披露期间市场反应的影响。与以往研究不同，本书通过联合检验的方法，在对两种效应进行明确区分的前提下，又分析了彼此之间的联系，从而将现有研究纳入同一研究框架。基于此，本书将投资者意见分歧定义为一种事前(ex-ante)指标，用来衡量信息披露前投资者之间信念上的差异；而将异质解释定义为一种事后(ex-post)指标，用来衡量信息冲击下投资者信念修正的差异。

1.2 意见分歧的形成原因

在介绍意见分歧形成原因之前，我们借鉴Xiong(2012)简单的贝叶斯模型对投资者意见分歧的形成机制进行解释，从而为读者建立一个较为清晰的初步理论框架。假设存在一个不可观测的经济基础变量θ决定着资产的支付或者投资者关注的其他相关状态。假设投资者观测到与基础变量θ相关联的信号$\tilde{s}$，并且对θ和$\tilde{s}$的联合分布具有先验信念。投资者根据观测信号的实现值并基于贝叶斯规则对基础变量θ的后验信念进行修正。如果市场上存在多个投资者，那么就需要对每个投资者关于θ和$\tilde{s}$联合分布的先验信念进行设定，而每个投资者又会根据其自身观测到的信号对后验信念进行修正。如果投资者最终得到关于θ的不同的后验信念，那么这既可能是因为他们始于不同的先验信念，也可能是观测到了不同的信号(信息不对称)，或者是他们依据不同的规则进行信念修正。

上述分析说明，投资者之间的意见分歧产生的原因可能是多方面的，Hong和Stein(2007)将意见分歧产生的原因总结为渐进信息流(gradual information flow)、有限注意(limited attention)和异质先验(heterogeneous priors)。而Xiong(2012)则将意见分歧产生的原因分为异质先验、过度自信(overconfidence)和信息传导扭曲(distorted information transmission)。我们综合两种分类方式对投资者意见分歧的形成原因进行梳理。

1.2.1 渐进信息流

Hong和Stein(1999)认为，信息的渐进流动是证券市场的一个重要特征。受信息传播技术、投资者细分及专业分析水平等因素的影响，一部分投资者总是会先于其他投资者得到有关股价的信息。如果信息是正面的，那么收到信息的投资者会调高其对股票的估值，而没收到信息的投资者则无法对其估值进行修正。这种情况导致两类投资者的分歧扩大，其后果是前一类投资者从后一类投资者手中购入股票。而如果信息是负面的，收到信息的投资者则会将股票卖给没收到信息的投资者。下面的例子将有助于我们理解渐进信息流是如何对投资者的意见分歧产生影响的。Huberman和Regev(2001)对美国一家生物科技公司——EntreMed公司的股价行为进行了研究，发现1998年5月3日的《纽约时报》封面文章对EntreMed公司在癌症研究方面取得的最新进展进行了报导，而在此后第二天，即5月4日，该公司的股票收盘价由上一交易日的每股12美元上涨为每股52美元，与此同时，股票的交易量也显著上升。有趣的是，《纽约时报》的封面文章实际并不包含有用的信息：因为早在5个月前包括《自然》杂志在内的其他媒体就对这一事件进行了报导，甚至《纽约时报》本身也曾报道过这一事件，只是当时没有使用封面文章报导而已。实际上，较早的报导也曾引起过股价和交易量的显著上升，只是其反应程度不及《纽约时报》封面文章引起的市场反应。尽管3周后该公司的股价由每股52美元下跌到每股30美元，但这也说明《纽约时报》的封面文章对股价的影响具有持续性。对这一现象的可能解释是，市场上存在两类投资者：一类投资者只关注类似《自然》杂志这类专业性的学术杂志，这部分投资者在所有投资者中所占比重较低；而绝大多数投资者则从诸如《纽约时报》封面文章的媒体读物中获取投资信息。在这种情况下，前一类投资者首先获得新的信息，并引起股价的小幅变动。随后，信息逐渐流动并到达第二类投资者，此时新信息才会充分反映在股价之中。

需要注意的是，信息的渐进流动并不必然导致上述股价反应，因为理性投资者可以通过观察其他投资者的交易行为而获得有关股价的信息。为此，我们需要假设投资者是非理性或有限理性的，在对其拥有信息准确程度的判断方面存在"过度自信"倾向。在这种情况下，非理性或有限理性投资者会高估其信息的准确程度，而不愿意从其他投资者的交易行为中获得信息。在EntreMed公司的例子中，大部分非专业投资者并不阅读《自然》杂志这类专业性学术杂志，并在股价和交易量发生小幅变动时，仍然坚信自身所拥有信息的准确性而未对信息进行修正。只有当《纽约时报》这种被广为接受的大众媒体采用封面文章披露信息时，才会引起这部分非专业投资者的注意，从而将信息完全反映在股价中。

经验研究为渐进信息流提供了经验证据，如Menzly和Ozbas(2006)以及Cohen和Frazzini(2008)发现，如果某一公司或行业的股票在某一时间区间内表现为正的收益，那么该公司或行业的上下游企业或行业也会在随后的一段时间内呈现正的股票收益，反之亦如此。有关领先-滞后效应(lead-lag effect)的经验研究(Hou 2007)也为信息渐进流动提供了经验支持，具体表现为：①相同行业中，有关大公司的信息传播速度高于小公司的信息传播速度，特质风险低的公司的信息传播速度高于特质风险高的公司，行业领军企业的信息传播速度高于跟随企业的信息传播速度；②规模小、波动高、竞争程度低和容易被忽略行业的信息传播速度较慢。产生上述现象的原因是，关注不同类型企业和行业的投资者存在差异，受到投资者细分的影响，信息在不同投资者之间的传递顺序存在差异，从而表现为信息在股票市场中的渐进流动。

1.2.2 有限注意与过度自信

Hirshleifer和Teoh(2003)以及Peng和Xiong(2006)提出了有限注意理论，认为认知负载(cognitively-overloaded)的投资者只能注意所有公开披露信息的某一子集。当不同投资者注意到不同的信息子集时，他们之间就会产生意见分歧。在实际应用过程中，有限注意与渐进信息流并不存在明显的区别，二者的差别只限于是否强调信息扩散的动态特征而已。与渐进信息流类似，有限注意假设并不必然导致类似于前面提到的 EntreMed 公司的现象，因此在研究过程中需要假设投资者只专注于自身观测的信息子集，而不会根据其他投资者的交易行为对信息进行修正。

有限注意理论认为，信息披露的媒体选择会对投资者信念产生影响，在信息披露内容一定的情况下，那些能够“吸引眼球”(attention grabbing)的披露方式将会引起较大的股价和交易量反应。除了前面提到的 EntreMed 公司的例子外，Klibanoff 等(1998)还发现，《纽约时报》封面文章专题报导国家的封闭式主权基金的交易价格对资产净值反应较为强烈。此外，信息披露时机也会对投资者信念产生影响，Dellavigna 和 Pollet(2009)发现，周五公布的盈余公告所引起的交易量反应显著低于其他交易日披露引起的交易量反应，说明投资者在周末的放松情绪会使其忽视此时披露的盈余信息内容，而直到下个周一才采取必要的行动。

除了有限注意之外，投资者中普遍存在的过度自信偏差也会导致投资者之间产生意见分歧。经验研究发现，过度交易会降低投资者的投资收益，这一现象对不同国家投资者来说都成立，如 Odean(1999)、Barber 和 Odean(2000)以及 Barber 等(2009)。其中，Barber 和 Odean(2000)分析了美国股票市场个人投资者的交易记录，发现交易最活跃的 20%的投资者的年均投资收益低于同期市场收益 5 个百分点。在众多影响投资者交易动机的因素之中，投资者的心理偏差无疑是重要的因素之一。

行为金融研究发现，个人投资者往往对其股票收益预测能力表现出过度自信(Kahneman et al.　1982)。而当股票预测难度增大时，金融市场的专业人士的过度自信倾向甚至高于个人投资者(Griffin and Tversky　1992)。过度自信的存在使得投资者夸大噪声信号的准确程度，从而对信号产生过度反应。如果投资者对不同的信号都存在过度反应，最终他们将得到不同的信念。Kyle 和 Wang (1997)、Odean(1998)以及 Scheinkman 和 Xiong(2003)分别使用不同的意见分歧模型刻画了投资者的过度自信偏差。他们认为，投资者的过度自信导致他们之间产生意见分歧，而意见分歧又会引起过度交易进而导致资产泡沫的产生。尤其是 Scheinkman 和 Xiong(2003)，在他们构建的动态模型中，过度自信的投资者对不同的公共信号表现出过度自信，由此引起的对信号的过度反应使得他们之间的信念存在分歧。尽管投资者可以通过学习其他投资者的信号而使他们之间的信念分歧随时间的推移而逐渐收敛，但是由于每个投资者都对其自身的信念过度自信，信念收敛无法实现。这种相对稳态的市场信念结构使得我们可以方便地分析意见分歧条件下的动态资产市场均衡。

尽管我们对投资者的有限注意和过度自信偏差进行了区分，但是在实践中，投资者的各种心理偏差往往彼此交织，很难对其进行明确的区分。但是，可以明确的是，投资者之间意见分歧的稳态结构一定说明，某种心理偏差使得投资者不愿意或无法通过对其他投资者信念的学习来修正其自身的信念。

1.2.3 异质先验

异质先验理论认为，即使所有投资者同时面对相同的公开披露信息，并且对信息都足够关注，他们也会对信息引起的股票基础价值变动产生分歧。Harris 和 Raviv(1993)及 Kandel 和 Pearson(1995)认为，产生这一现象的原因在于投资者采用不同的模型对信息内容进行解释，理论研究也将其称为异质解释。例如，上市公司季报披露公司每股收益与上季度相比增长 10%，对于那些没有预期公司每股收益增长的投资者来说，如果他们认为收益增长是永久性的，那么他们会将股票基础价值的估值也相应提高 10%。而如果这些投资者认为收益是暂时性的，那么他们对股票基础价值估值的调整幅度会小于 10%；对于那些预期公司收益增长 20%的投资者来说，他们会对公司业绩失望，从而调低其对公司基础价值的评估。可见，以上三类投资者对相同信息的信念调整并不相同，其结果是不同类型投资者之间进行交易。这一例子说明，即使三类投资者观测到相同的盈余信息，他们仍然会彼此进行交易。

盈余公告期间的换手率变动能够较好地解释异质先验对投资者意见分歧的作用机制。图 1-1 给出了 1986～2005 年美国股票市场季度盈余公告披露期间的换手率变动情况。结果显示，换手率在盈余信息披露后显著上升，并且在公告后一个星期左右的时间区间内仍然保持较高的水平，这一结果与同质先验假设下的理性预期模型相违背，说明公开的信息披露并没有降低而是扩大了投资者之间的意见分歧。

需要强调的是，以上三种意见分歧形成机制必须假设投资者是有限理性的。他们要么没有意识到自己处于信息劣势地位，要么对自己的判断过度自信，从而不会试图从其他交易者的交易中获取信息。如果放松这一假设，那么我们就会回到理性预期的框架中(陈国进和王景　2007)。由于本书所指的意见分歧模型属于狭义的异质信念模型，这类模型通常假设投资者是有限理性的，因此不会从其他交易者的交易行为中获取信息。也就是说，他们允许分歧的存在。而广义的异质信念模型既包括意见分歧模型，也包括理性预期模型。

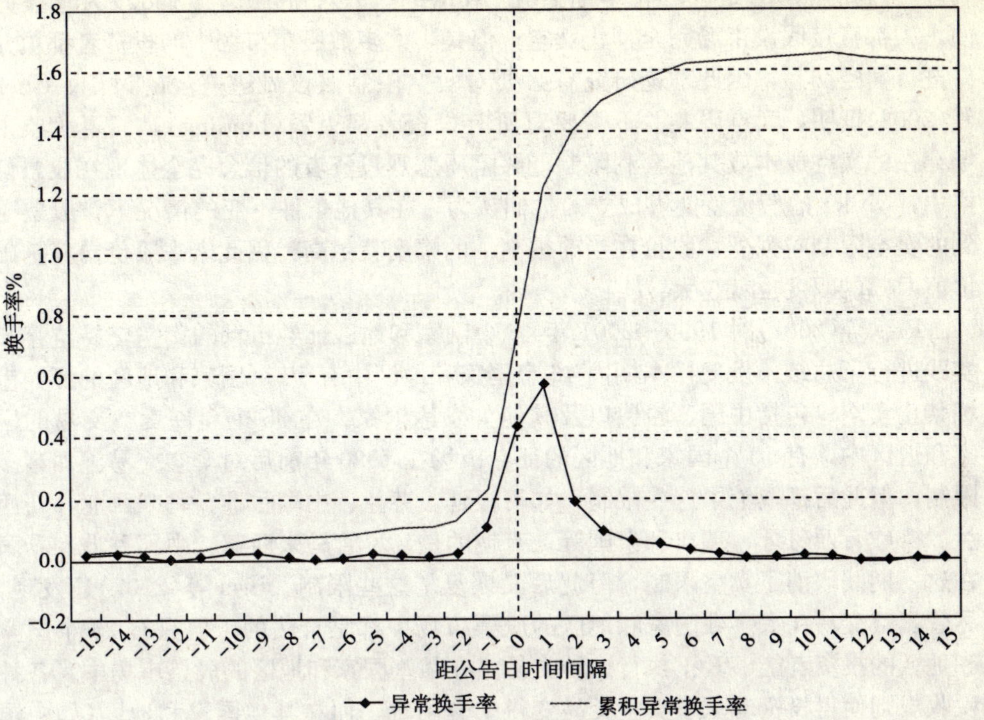

图 1-1　盈余公告期间股票的异常换手率(1986～2005 年)

注：异常换手率(abnormal turnover)为每日实际换手率与事件窗之前 250 个交易日的日均换手率平均值的差值，而累积异常换手率(cumulative abnormal turnover)则为事件窗内异常换手率的累积加总

资料来源：Hong H，Stein J. Disagreement and the stock market. Journal of Economic Perspective，2007，21(2)：109～128

1.3　意见分歧与卖空限制

意见分歧资产定价模型需要具备两个基本假设：一是投资者之间存在意见分歧；二是市场存在卖空限制。如果市场只存在卖空限制而不存在意见分歧，那么就不存在悲观投资者和乐观投资者之分，从而也就不会导致股价被高估。类似地，如果只存在意见分歧而不存在卖空限制，那么乐观投资者和悲观投资者将彼此进行交易，股价将反映所有投资者的平均估值水平(Boehme et al.　2006)。实际上，Varian(1985)与 Merton(1987)已经证明，如果不考虑卖空限制的影响，投资者之间的意见分歧将会作为一种风险因素(特质风险)影响股票收益，从而回到了传统的理性预期框架。国内学者张维和张永杰(2006)将 Miller(1977)与 Varian(1985)的研究纳入统一的框架，发现存在卖空限制时，Miller(1977)的结论成立；而在不存在卖空限制时，Varian(1985)与 Merton(1987)的结论成立。

另外，需要强调的是，尽管早期研究(Miller 1977；Jarrow 1980)为建模方便，大都直接假设市场完全禁止卖空，但是，大多数股票市场中的投资者都被允许进行卖空交易，因此理论研究有必要对卖空限制假设做进一步的讨论。Chen 等(2002)证明，卖空限制并不需要对所有投资者都束紧(binding)，只要股票市场存在的卖空成本或其他套利限制能够阻碍悲观投资者的信念完全体现在股票价格中，Miller 的假说就能够成立。他们认为，在其他条件不变的情况下，股票受到的卖空限制越强烈，股价在当前被高估的幅度就越高，因此未来股价向其基础价值回归的幅度也就越大。

Bris 等(2007)对 1990～2001 年 46 个国家和地区证券市场的卖空交易监管和实践进行了总结，发现样本期内 46 个国家和地区中有 10 个国家和地区的证券市场禁止卖空，包括中国、希腊以及其他欠发达国家。在 35 个允许卖空交易的国家和地区中，有 13 个国家和地区的证券市场在 1990 年前后对卖空交易施加诸多限制，但此后都取消了这些限制，如阿根廷、芬兰、中国香港、马来西亚、新西兰、挪威、西班牙、瑞典和泰国等。有趣的是，尽管马来西亚、中国香港和泰国在这一期间取消了卖空限制，但此后又恢复了这些限制。Bris 等(2007)还发现，尽管卖空交易在大多数国家和地区的股票市场中都是合法的，但只有 25 个国家和地区的投资者能够真正执行这种交易。在某些国家和地区的股票市场中，各种税收规则使得投资者从事卖空交易变得十分困难，而在其他国家和地区(如中国香港)，只有少数较大市值和较强流动性的股票能够被允许卖空。

在大多数发达国家(如美国、英国和日本)的证券市场中，卖空交易是合法的，并且能够顺利实施。尽管如此，这些国家也要求卖空交易者在卖空证券之前以一定的利息从分散化的融券市场中融入要卖空的证券。Duffie 等(2002)构建了一个理论模型用以分析均衡状态下融券利率与资产价格的联合决定过程。在其模型中，投资者对资产的基础价值存在意见分歧，悲观投资者需要搜寻资产持有者(均衡状态下的乐观投资者)，并就融券利率讨价还价。如果可融通证券数量较少且难以分配，那么融券利率就会很高。融券利率的存在提高了资产持有者对证券的估值水平，从而导致证券的市场价格高于乐观投资者对证券基础价值的估值水平。而 D'Avolio(2002)和 Geczy 等(2002)对融券市场的经验分析显示，对于大多数股票而言，投资者都能够以相对适中的利率融入证券。但是当投资者之间存在意见分歧或出现特殊事件使卖空交易有利可图时，融券利率就会显著上升了。

而对于国外股票市场而言，由于许多投资者都可以用相对低廉的成本卖空部分股票，因此，衡量股票受到的卖空限制成为制约经验研究的瓶颈问题。最早对此问题进行研究的是 Figlewski(1981)，他使用融券利率(short interest)衡量股票受到的卖空限制，此后很多经验研究沿用了这一方法。然而，Chen 等(2002)却认为，在融券利率实际研究过程中存在诸多问题：首先，大多数股票在较长的时间区间上并没有融券利率记录，从而导致使用组合价差法(portfolio approach)时得到的卖空限制组合样本容量太少；其次，融券利率容易受到其他因素的干扰，而无法准确反映市场上隐藏起来的悲观信息。为此，Chen 等(2002)使用互助基金持股数据构建了所有权广度指标(breath of ownership)来衡量股票受到的卖空限制，具体构建方法为每个季度持有股票多头的互助基金数量占同期互助基金总数量的百分比。其理论依据是绝大多数互助基金受到各种限制无法从事卖空交易，对于这类机构投资者而言，要么选择持有多头头寸，要么干脆不持有任何头寸。由于几乎每只股票的投资者构成中都会有互助基金的身影，所有权广度指标与融券利率相比覆盖的股票数量更多。为了简化计算，此后的研究大都在 Chen 等(2002)指标构建的基本思想基础上，直接使用机构持股比例作为卖空限制的衡量指标，如 Nagel(2005)、Berkman 等(2009)。尽管这一指标也存在一定的争议，但却是目前经验研究领域唯一获得普遍接受的卖空限制衡量指标。

与国外市场不同，在 2010 年 4 月开展融资融券试点业务之前，我国 A 股市场禁止投资者从事卖空交易，我们可以认为此时 A 股市场中所有股票的卖空限制都是相同的——无穷大。那么，困扰国外经验研究的股票卖空限制衡量指标选取问题在 A 股市场并不存在，从而有助于经验研究的顺利实施。

1.4 意见分歧与其他套利限制

意见分歧资产定价模型认为，在存在卖空限制的条件下，股票将更多地被乐观投资者所持有，此时投资者的意见分歧会导致当前的股票价格被高估。意见分歧导致的股价高估属于一种错误定价现象，按照有效市场假说理论，市场上存在的诸多理性套利者会针对乐观投资者的这种错误定价进行套利交易，从而使股价回归基础价值。然而，市场上存在的各种套利限制使得这种套利交易在实践中难以充分实施。除了前面提到的卖空限制以外，非基础性风险和资本约束也是套利交易无法充分实施的重要原因。

De Long 等(1990)分析了噪声交易风险在错误定价形成过程中的作用，他们认为，当无限期界经济中套利交易者的存续期限较短时，噪声交易者随机需求冲击引起的错误定价在不存在基础性风险的情况下赢得了均衡价格形成过程中自身的存在空间(self fulfill)。这一观点的核心在于套利交易者较短的存续期限，我们可以将其理解为一种隐性的财务约束。其基本原理是，如果套利者只存在 1 期，并且他们预期长期存续的资产价格会随着下期随机冲击而波动，简便起见，假设该资产产生的现金流是无风险的。在这种情况下，下期的随机冲击会对当期资产价格产生影响，这是因为较短的存续期使套利交易者无法持有长期头寸以抵消未来随机冲击对股价造成的影响。

除此之外，Abreu 和 Brunnermeier(2002，2003)还提出了所谓的套利交易中的同步风险(synchronization risk)，认为套利交易者可能在不同的时点得知市场存在资产泡沫或错误定价，从而使套利交易呈现非同步的特征。在时机尚未成熟之时，少数套利者对资产泡沫或错误定价的套利行为并不足以使泡沫破裂，反而会使套利交易者置身于资产泡沫继续膨胀的风险之中。如果套利交易者能够提前预计到这种风险，那么他们将尽可能地延迟其套利行为，从而导致资产泡沫或错误定价能够持续较长的时间。

套利交易所需要的资本投入也在一定程度上构成了套利限制。大量的经验研究发现，套利资本通常都是专业化并且不具流动性。也就是说，当市场上套利资本匮乏时，资本并不能迅速从其他市场流入(Duffie 2010)。例如，在严重灾害耗尽保险公司资本之后，灾害保险价格会出现上涨。类似地，可转换债券市场在2005年可转换对冲基金面临大量赎回时表现低迷。此外，股票价格在互助基金大规模卖出后也会出现较大的折价现象。上述现象都说明，金融资本往往表现较强的专业性，不同专业性资本间的彼此流动并不频繁，这一现象与市场分割现象较为类似。

第2章

意见分歧与股价形成机制

Miller(1977)首次将投资者意见分歧与市场上的卖空限制结合起来，对股票市场上的各种错误定价的形成机制进行解释。此后，许多学者在 Miller(1977)的基础上对其进行进一步完善，并形成了相对完整的理论体系。

2.1 静态意见分歧资产定价模型

传统资产定价理论的一个基本假设是投资者具有同质预期(Sharpe 1964; Lintner 1969)，即假设所有投资者对股票未来的期望收益和概率分布具有相同的估计。Miller(1977)认为，在充满不确定性的现实世界中，同质预期假设很难被满足，并首次从投资者意见分歧与卖空限制相结合的角度对股价的形成过程进行了解释。他认为，在意见分歧和卖空限制双重假设下，悲观投资者由于受到卖空限制的阻碍而被排除在市场之外，其结果是，股票因为被乐观投资者持有而被高估。投资者意见分歧程度越高，股价被高估的幅度就越大。随着时间的推移，越来越多的有关股价的信息被披露，投资者的意见分歧逐步得到解决，股价将逐渐向其基础价值回归。基于此，Miller 提出假说，投资者意见分歧与当前股票收益正相关，而与未来股票收益负相关。下面，我们将详细介绍 Miller(1977)模型的具体内容。

假设证券市场存在两种资产：一种是无风险的一年期政府债券；另一种是某家上市公司的普通股股票。该公司在期初成立，并发行 N 股普通股股票，公司的存续期为一年。在这一年时间里，公司只投资一个项目。一年后项目完成，公司资产将被变现并分发给普通股股东。这是一个标准的两期模型。假设市场上的投资者最大化投资的折现值。每个投资者都尽其所能地估计投资收益，如果投资者认为股票投资收益高于政府债券投资收益，那么他将购入一股普通股股票。在公司投资收益不确定的情况下，潜在的投资者会得到不同的估计值。

假设每个投资者只能购买一股股票，在存在卖空限制的条件下，最终结果是公司股票将被估值最高的 N 个投资者所持有。图 2-1 中的曲线 ABC 给出了投资者数量随着其估值变动的累积分布，即每一价格上愿意持股的投资者数量。通过曲线 ABC，我们发现，有 N 个投资者对公司的估值等于或超过 R。如果股价低于 R，那么会有超过 N 个投资者愿意持有股票，更多投资者的报价将会推高股价直到达到 R 为止；而当股价高于 R 时，部分持股的投资者会认为股价被高估，他们会选择卖出股票，从而导致股价下跌到 R。曲线 ABC 实际上表示的是股票的需求曲线，其供给曲线是垂直于横轴的一条射线，与横轴的交点为 N。最终的股价 R 由供给曲线和需求曲线的交点所决定。只要一少部分潜在投资者能够完全吸收公司发行的股票，即股票供给相对于投资者数量来说很少，那么最终的股价就会高于所有潜在投资者的平均估值水平，而平均估值水平才能体现股票的合理价值。

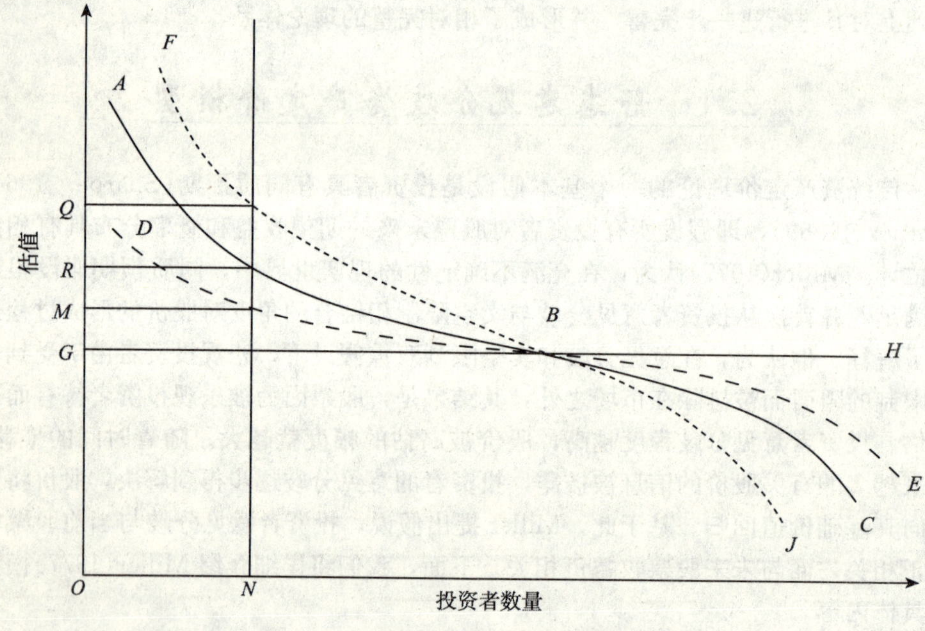

图 2-1 不同估值水平下投资者数量分布

资料来源：Miller(1977)

只要一少部分潜在投资者能够完全吸收公司发行在外的股票，那么意见分歧的上升就会提高市场的出清价格。图 2-1 中的曲线 FBJ 表示的就是投资者意见分歧上升后的股票需求曲线，此时的市场出清价格由 R 上升到 Q。而如果意见分歧程度降低，此时的需求曲线变为 DBE，市场出清价格由 R 下跌到 M。在极限状态下，曲线 ABC 转化为水平线 GBH，此时的市场出清价格为 G。只有在这种情况下，所有投资者才具有一致预期，市场价格才由所有潜在投资者的平均估值决定。

基于以上分析，Miller 对股票市场的异常现象进行解释。例如，Miller 认为，发行后新股在锁仓期内相当于禁止卖空，由于市场上关于新股的信息较少，投资者很容易形成意见分歧，从而导致新股被高估。随着时间的推移，更多的新股信息被披露，投资者的意见分歧逐渐缩小，新股价格逐渐回归到其基础价值。因此，首次公开发行(initial public offering，IPO)往往具有较高的首日溢价和较低的长期收益。此外，Miller 还对封闭式基金折价之谜进行了解释，认为封闭式基金的组合投资不可能兼顾所有投资者的偏好，因此它无法吸引不同偏好的乐观投资者，从而导致封闭式基金折价现象的产生，同样的原理也适用于跨行业公司股票的折价之谜。

Jarrow(1980)使用均值-方差模型对 Miller 假说进行了严格的数理论证，发现对于一般情况而言，卖空限制和意见分歧的存在并不必然导致股价被高估，只有当不同投资者对未来股价的协方差矩阵具有相同期望时，卖空限制和意见分歧才会导致股价被高估。然而，Miller 和 Jarrow 都假设市场存续期为两期，属于静态模型，因此无法反映意见分歧的动态变化以及对股价的影响。另外，他们都假设卖空限制被严格禁止，认为如果放松这一假设，相当于增加了股票的供给，高估的股价会下跌并最终反映投资者的平均预期。

2.2　动态意见分歧资产定价模型

早期的意见分歧资产定价模型(Miller　1977；Jarrow　1980)仍然属于静态模型，其优点是简便、直观。然而，其缺点也是比较明显的，即它无法反映投资者信念的动态变化。投资者的信念不是一成不变的，他们会根据市场的信息不断修正自己的信念，股价的不断调整实际上反映的就是投资者信息收集和信念修正的过程。因此，尽管先验信念的分歧会导致股价被高估，但是投资者信念的不断修正过程也会对其信念分歧程度产生影响，在卖空限制存在的前提下，必然也会对股价的变动产生影响。为此，国外学者在 Miller(1977)静态模型的基础上将意见分歧资产定价研究扩展到动态模型。

Harrison 和 Kreps(1978)首次从投资者信念修正的动态变化角度对 Miller 假说进行了扩展，认为在市场不完全或不完备的条件下，风险中性投资者可能以高于未来股利净现值的价格购入股票，并期望将股票以高于购入价格的价格出售给其他投资者。投资者的这种投机行为体现了其拥有的再售期权的价值，也导致股票价格被高估，从而产生投机泡沫。Harrison 和 Kreps 举了一个简单的例子来说明再售期权对股价的影响。假设市场上存在两类投资者 A 和 B，普通股股票每期支付的股利为 0 或 1，每类投资者对每种状态是否出现都有自己的估计。假设状态转换矩阵满足：

$$\boldsymbol{Q}^a=\begin{bmatrix} q^a(0 \quad 0) & q^a(1 \quad 0) \\ q^a(0 \quad 1) & q^a(1 \quad 1) \end{bmatrix}$$

A 类投资者的状态转换概率为 $\boldsymbol{Q}^{\mathrm{A}}=\begin{bmatrix} 1/2 & 1/2 \\ 2/3 & 1/3 \end{bmatrix}$，B 类投资者的状态转换概率为 $\boldsymbol{Q}^{\mathrm{B}}=\begin{bmatrix} 2/3 & 1/3 \\ 1/4 & 3/4 \end{bmatrix}$，贴现率为 0.75。

在这种情况下，A 类和 B 类投资者的状态价格分别为

$$p^{\mathrm{A}}(0)=1.33，p^{\mathrm{A}}(1)=1.22$$

$$p^{\mathrm{B}}(0)=1.45，p^{\mathrm{B}}(1)=1.91$$

我们发现，B 类投资者的估价要高于 A 类投资者。如果 A 类投资者已知 B 类投资者的估价，那么市场在这种情况下就无法达到均衡。因为在状态 0 时，投资者 A 会买入股票并希望在状态 1 出现时以 1.91 的价格将股票转让给投资者 B，此时，A 类投资者对状态 0 的估价就不再是 1.33，而是 1.75。我们看到，这一价格甚至高于投资者 B 给出的状态价格(1.45)。价格高出的部分就体现了可以将股票卖给投资者 B 的再售期权的价值。

Harrison 和 Kreps(1978)实际上是假设投资者的先验信念存在差异，正是这种先验信念的差异导致了股价被高估。然而，他们忽略了投资者学习的过程，因为理性投资者能够根据市场的信息披露不断修正自己的信念。Morris(1996)在 Harrison 和 Kreps 的研究基础上考虑了投资者学习过程引起的意见分歧动态变化对股价的影响。与 Harrison 和 Kreps 一样，Morris 假设投资者在资产价值分布的先验信念上存在分歧，然而随着信息的逐渐披露，投资者的学习过程导致这种先验分歧逐渐收敛，并最终收敛于资产价值的真实分布。在投资者最终通过学习了解资产的真实分布之前，投资者投机行为引起的投机溢价(再售期权)确实存在。然而，随着投资者意见分歧的收敛，这一投机溢价逐渐消失，股价最终将回归其基础价值。在投资者意见分歧完全收敛之前(学习过程中)，如果存在绝对的乐观投资者，股票将始终由他们所持有，股价也将一直体现他们的估价水平。如果不存在绝对的乐观投资者，那么就会出现股票在不同投资者之间不断转手的情况。但是在每期结束时，每个投资者都有可能(正概率)以高于自身估值的价格水平卖出股票，从而使股票的交易价格总是高于所有投资者的估值水平。在理论模型的基础上，Morris 对 IPO 溢价和长期弱市现象进行了解释。需要注意的是，Morris 是基于理性预期框架来研究意见分歧和卖空限制对股票价格的影响的。在他的模型中，投资者知道其他投资者的估值水平，并且能够将其他投资者的估

值水平纳入其投资决策中，而且投资者还能通过不断的学习最终了解资产未来价值的真实分布。尽管理性预期模型有助于解释股价的中短期高估和长期反转现象，但是对股价长期偏离其基础价值的现象则缺乏解释力。

20 世纪 90 年代以来，行为金融理论研究的不断深入为意见分歧资产定价理论研究注入了新的内容。意见分歧模型开始放松投资者理性预期假设，转而假设投资者具有的有限理性。有限理性假设使得不同信念的投资者能够在市场中长期共存，从而有助于解释股价对其基础价值的长期偏离。Scheinkman 和 Xiong (2003)在 Harrison 和 Kreps(1978)的研究基础上引入了投资者过度自信假设，在连续时间模型下对投机泡沫的成因以及泡沫期间的异常交易量和波动率进行了解释。与 Harrison 和 Kreps 的研究不同，Scheinkman 和 Xiong 对意见分歧产生的原因进行了说明，他们假设投资者对信息的不同解释导致了投资者之间产生意见分歧，而过度自信的存在使意见分歧的投资者对彼此的信念(或估值)视而不见。Scheinkman 和 Xiong 建立了一个无限期界的连续时间模型，在该模型中假设存在唯一的有限供给的风险资产，投资者都是风险中性的，并且受到严格的卖空限制。风险资产当前支付的股利由决定资产未来股利支付的基础变量和噪声项构成。除了股利支付以外，每一时刻还会出现两个信号集。所有的投资者都面对相同的信息，按照投资者对信号集的不同解释将其划分为两个不同的类别。每类投资者都高估各自信号集的信息含量，因而会对资产未来股利支付形成不同的预测。特别强调的是，Scheinkman 和 Xiong 模型中的投资者知道其他投资者的预测值，但是有限理性(过度自信)使他们允许这种分歧的存在。随着信息的逐渐流动，两类投资者的相对地位(乐观还是悲观)不断发生变化，从而导致了交易的产生。投资者对资产的估值除了包括资产的基础价值以外，还需要反映再售期权的价值。因此，当前资产持有者要求的卖价与其基础价值估值之差就是再售期权的价值，即所谓的资产泡沫。投资者意见分歧程度越高，再售期权的价值就越高，产生的资产泡沫就越大。

除了股价高估的研究之外，意见分歧模型也被用来解释市场暴跌(market crashes)现象。Hong 和 Stein(2003)建立了一个拍卖模型，从投资者意见分歧的角度对市场暴跌现象进行解释。他们假设市场上存在两个投资者 A 和 B。每个投资者都收到有关股票最终支付的私人信号，每个私人信号都包含一些有用的信息。但是，每个投资者都只关注自己的信号，而对另一个投资者的信号视而不见。在这种情况下，即使不存在外生的噪声交易，A 和 B 也会对资产价值的估计产生意见分歧。这一假设与 Scheinkman 和 Xiong(2003)类似，实际上就是隐含假设投资者是有限理性的，对自己观测到的信号过度自信。除了这两类有限理性的投资者之外，Hong 和 Stein 还引入了一个完全理性且风险中性的套利交易者，他能够意识到股票真实价值的最优估计实际上是信号 A 和信号 B 的平均值。

套利者通过观测交易行为和报价来判断有限理性投资者观测到的私人信号。然而，卖空限制的存在使得套利者无法观测相对悲观交易者的私人信号：在1期，投资者B观测到一个负面信号，因此他对股票的估值低于投资者A。由于卖空限制的存在，投资者B只能选择不作为，套利者只能知道投资者A的估值。但是理性套利者足够聪明，能够意识到B的估值一定低于A，只是不知道具体的值而已。此时，1期的市场价格将只反映投资者A的信号而不能完全反映投资者B的信号。假设在第2期，投资者观测到一个正面信号，此时他的信号仍将体现于股价中，而B在1期的信号将仍被隐藏起来。如果投资者A在2期观测到一个负面信号，那么他将会卖出股票并迅速脱身。而套利者可以通过观察投资者B是否接盘并且在什么价位接盘以获悉他在1期的私人信号。如果投资者B在股价下跌5%时接盘，说明B在1期观测的信号还不算太糟。而如果股价下跌20%，投资者B仍没接盘，那么套利者就会认为投资者B在1期的私人信号要比这更糟。在投资者A抛售股票的同时投资者B不接盘，这种现象对于套利者来说，是在投资者A抛售股票基础上额外增加的坏消息。也就是说，在股价下跌过程中，原来因卖空限制而被隐藏的负面信息也会同时释放，导致股价大幅下跌。

与其他类型的资产定价模型相比，意见分歧资产定价模型的另一个显著优势就是能够有效地解释市场上的异常交易量。Hong和Stein(2007)认为，交易产生的主要原因就在于投资者对资产未来收益的预期存在分歧。基于此，意见分歧模型也常被国内外学者用来解释股票市场存在的诸多交易异象，其中最有代表性的研究来自Harris和Raviv(1993)。Harris和Raviv(1993)假设市场上存在两类风险中性的投机交易者，他们对某项资产的未来收益具有相同的先验信念。随着有关资产未来收益信息的不断披露，市场上的投资者会使用不同的模型进行信念修正。这两类交易者对公开信息的好坏具有一致的判断，但是在信息好坏程度的判断上存在差异。Harris和Raviv(1993)将那些认为信息好坏程度较高的投资者称为“响应”(responsive)投资者，而将那些认为信息好坏程度较低的投资者称为“非响应”(unresponsive)投资者。在存在卖空限制的条件下，当过去信息的累积冲击为好消息时，“响应”投资者将会给予资产较高的估值并选择持有全部的资产；而当过去信息的累积冲击为坏消息时，“非响应”投资者将会给予资产较高的估值并持有全部的资产。在以上条件得到满足的情况下，只有当累积信息由好消息转化为坏消息时，交易才能产生。基于以上分析，Harris和Raviv(1993)对股票市场上的异常交易量以及困扰理论研究的价量关系进行了解释。

第3章

意见分歧衡量指标

尽管关于意见分歧资产定价理论研究最早可以追溯到20世纪六七十年代，但是这一领域的经验研究直到最近几年才开始兴起。其原因是经验研究很难找到一个合适的指标衡量投资者之间存在的意见分歧。进入21世纪以来，随着计量技术的不断创新以及数据库建设(尤其是分析师数据)的不断完善，这一领域的经验研究才得以发展，然而现有文献还未就意见分歧指标选取达成共识。已有的经验文献主要采用分析师盈余预测标准差(Diether et al. 2002)、换手率(Boehme et al. 2006)、波动率(Ang et al. 2006)、交易订单(Garfinkel 2009)、个人账户数据(Goetzmann and Massa 2005)、机构退出比率(Houge et al. 2001)等指标度量投资者之间存在的意见分歧。

从上述指标的适用性来看，分析师盈余预测标准差、换手率和波动率是经验研究中常见的意见分歧衡量指标，而交易订单和个人账户数据受到数据获得渠道的限制，在经验研究中并不多见，机构退出比例主要用于反映投资者对IPO股票的意见分歧，其适用范围不及其他意见分歧指标广泛。本章研究将对上述指标的构建原理及其局限性进行深入的分析。

3.1 分析师盈余预测指标

Diether等(2002)首次使用分析师盈余预测标准差来衡量投资者意见分歧，并发现在控制其他影响股票收益的因素后，分析师盈余预测标准差与未来股票收益负相关。从严格意义上来讲，Diether等(2002)是第一篇对Miller(1977)研究假说进行实证检验的文章，因为在此之前的实证研究一直没有找到合适的代理变量衡量投资者的意见分歧。与之前的研究不同，Diether等(2002)基于分析师预测数据巧妙地构建了一个月度投资者意见分歧衡量指标。分析师预测数据来自

I/B/E/S 数据库，这一数据库涵盖了美国股票市场所有分析师跟踪的股票及复权后的每股收益预测。由于复权后的每股收益要经过四舍五入调整，为了增强数据计算的准确性，Diether 等(2002)使用了 I/B/E/S 数据库中未经过复权调整的原始数据计算每股收益预测标准差。具体的计算方法是：首先，识别每个月分析师公布的每股收益预测结果，并将其扩展到预测修订所在的月份，如某位分析师在 5 月份公布了一个预测结果，并在 7 月份再次确认了这一预测结果，那么，该分析师的预测结果同时适用于 5～7 月。其次，如果某分析师在同一月份给出了多个预测结果，那么只选择最后一个预测结果纳入计算。再次，如果预测修正日在实际预测结果公布日之前出现，那么只将实际预测结果作为当月的预测结果进行计算。最后，根据每个月的识别的预测结果计算当月分析师预测标准差，并作为当月投资者意见分歧的衡量指标。

尽管分析师预测标准差在 Diether 等(2002)之后被广泛应用于衡量投资者的意见分歧，但其还是具有一定的局限性：

首先，分析师预测数据的覆盖面具有局限性。即使在美国这样发达的股票市场中，也不是所有的股票都有分析师长期跟踪，而这种现象在 A 股市场表现得更加明显。Diether 等(2002)在使用分析师预测标准差衡量投资者意见分歧时也不得不承认，“一个不可避免的问题是，许多上市公司并没有分析师进行跟踪”。Hong 和 Stein(2002)更是指出，分析师更加倾向于跟踪大公司的股票，这会使研究结论无法解释没有分析师跟踪的中小公司股票。另外，在 A 股市场中，即使对于有分析师跟踪的股票而言，由于许多公司股票的分析师数量太少(2～3 个)，其计算得到的标准差也无法准确反映分析师的意见分歧。

其次，分析师预测独立性的局限。为了与公司管理层保持良好的合作关系以便从上市公司获得更多的有关公司未来经营情况的消息，分析师会倾向公布对所追踪公司正面的预测；当预测为负面时，分析师可能选择不公布预测结果(Diether et al. 2002)，这会导致分析师预测结果出现上偏(upward bias)。另外，分析师所属的投资银行或金融机构可能与上市公司之间存在某种客户关系，为了留住客户，分析师也可能会放弃独立性而公布对上市公司有利的正面预测。

最后，分析师的代表性存在局限。Miller(1977)模型实际上是将市场上所有潜在投资者划分为乐观投资者和悲观投资者，认为存在卖空限制时乐观投资者的最终持股会导致股价被高估。而分析师只能代表分析师这一群体，至多还包括部分机构投资者的信念，而无法代表整个股票市场上所有潜在投资者的信念。更为重要的是，Scherbina (2004)以及 Michaely 和 Womack(1999)认为，由于分析师自身拥有的财富并不会承担投资失败的风险，因此其预测无法完全代表潜在投资者的信念。

3.2 市场交易数据指标

所谓市场交易数据，指的是在股票实际交易过程中形成的可以直接观测到的数据。其中，能够用来衡量投资者意见分歧的指标主要包括换手率、买卖价差和波动率指标。

一般认为，意见分歧是投资者间进行交易的原因，因为如果所有投资者都对股票未来收益具有相同的预期，那么市场上就不会有交易产生。因此，交易量指标是除分析师预测标准差之外最为常见的意见分歧衡量指标。由于交易量指标容易受到股票总股份的影响，因此在经验研究过程中更常见的意见分歧指标是换手率指标。然而，在实际研究过程中，换手率指标比较容易受到其他因素(如股票流动性)的影响，因此经验研究需要对股票流动性进行控制，主要包括对换手率进行去平均处理(demeaned value)(Garfinkel and Sokobin　2006)或者在控制变量中引入其他的流动性因子(史永东和李凤羽　2012)。

经验研究还经常使用波动率指标衡量投资者的意见分歧(Boehme et al. 2006；涂宏伟　2008)。与直接计算股票收益标准差相比，已有研究发现较高的意见分歧往往伴随着较高的特质风险(Danielsen and Sorescu　2001；Diether et al.　2002)，因此经验研究的文献大都使用经过因素模型调整后的公司特质波动率衡量投资者的意见分歧。然而，与换手率指标一样，特质波动率指标也同样会受到其他因素(如股票风险)的影响，因此在建模时要对相应的风险因素进行控制。到目前为止，关于特质风险的研究中，对特质风险的形成原因和决定因素还未达成共识，因此研究者在使用这一指标衡量意见分歧时仍需要保持足够谨慎。

除了换手率和波动率指标外，已有研究还用买卖价差衡量投资者意见分歧(Garfinkel　2009)。Handa 等(2003)基于微观市场结构理论对意见分歧投资者的交易下单进行建模，发现乐观投资者和悲观投资者下单时需要承担无法达成交易的风险，从而在均衡状态下，投资者的意见分歧程度应该与买卖价差呈正相关关系。与换手率和波动率指标相比，买卖价差虽然能够更多地体现微观投资者的交易行为，但是其也不可避免地会受到诸如流动性因素的影响，从而使得研究者对检验结果的解释存在争议。

由于数据获得的便利性，上述指标经常在实证研究中被用来衡量投资者的意见分歧程度。然而，正如 Garfinkel(2009)评价的那样，上述三个指标仍然无法涵盖所有潜在投资者对股票的估值，因为公开交易数据实际上反映的只是最终达成交易的那部分投资者的意见分歧。

3.3 微观数据指标

由于分析师预测数据和公开交易数据在衡量投资者意见分歧方面存在诸多的局限，因此很多学者另辟蹊径，尝试寻找更加符合投资者微观决策和信念的数据来源。在这方面，国外学者 Garfinkel(2009)以及 Goetzmann 和 Massa(2005)进行了有益尝试，他们分别使用订单数据和个人账户数据构建投资者的意见分歧指标。

1. 交易订单数据

Garfinkel(2009)使用纽约证券交易所(New York Stock Exchange，NYSE)投资者的交易订单数据构建投资者意见分歧衡量指标，其依据是交易订单中的限价订单明确地给出了下单投资者的要约价格，从而体现了投资者对股票的个人估值，而且已有研究已经证明即使是市价订单中也包含着投资者对股票估值的保留价格(Handa et al. 2003；Hollifield et al. 2006)。此外，与分析师预测数据相比，交易订单使下单投资者的财富真实地承担了下单风险。最后，从数据覆盖范围来看，交易订单覆盖了所有想要达成交易投资者的信念，其覆盖广度明显优于分析师预测数据和公开交易数据。下面，我们将简要介绍 Garfinkel(2009)指标构建的基本原理与构建方法。

如果投资者对资产估值存在意见分歧，那么这种分歧将体现在其要约价格中。对于市价订单而言，Garfinkel(2009)假设投资者愿意接受最近发生的上一笔交易价格。与分析师预测分歧的基本思想一样，计算订单中包含价格的标准差将有助于衡量下单投资者的意见分歧。其具体计算方法为

$$\%\text{Distance}=\frac{(\text{OrderPrice}-\text{PriorTradePrice})}{\text{PriorTradePrice}} \tag{3-1}$$

其中，OrderPrice 表示当前订单中包含的下单价格，而 PriorTradePrice 表示最近的前一笔交易的成交价格，我们用其表示所有投资者对股票价格的一致性估值，两者之差体现了当前订单对所有投资者一致性估值的偏离。对于市价订单而言，由于假设投资者愿意接受最近发生的上一笔交易价格，因此这一差值等于零。最终得到的投资者意见分歧指标为

$$\text{DIVOP}=\left[\sum_{i=1}^{N}\frac{\left(\%\text{Distance}_i-\overline{\%\text{Distance}}\right)^2}{N-1}\right]_{day}^{\frac{1}{2}} \tag{3-2}$$

式(3-2)为每个交易日所有订单对一致性估值偏离程度的标准差，Garfinkel(2009)用其衡量每个交易日投资者对股票未来价格估计的分析程度。其中，N 表示每个交易日投资者的下单数量。显而易见，依据式(3-2)，所有市价订单的意见分歧程度都为 0。Garfinkel(2009)发现基于式(3-2)计算得到的意见分歧指

标与其他常见的意见分歧指标呈显著的正相关关系。

尽管 Garfinkel(2009)的基于交易订单构建的意见分歧指标与其他基于分析师数据和公开交易数据构建的意见分歧指标相比，在潜在投资者覆盖面方面具有一定的优势，但其仍然无法完全体现所有潜在投资者的估值分歧。因为某些投资者尽管对股价未来走势有一定的预期，但是出于某种原因并不会选择下单。更为重要的是，某些交易订单并不反映下单投资者对股价未来走势的判断，而可能是某些交易者通过“恶意下单”的方式以期获得额外收益。

2. 个人账户数据

Goetzmann 和 Massa(2005)首次使用个人账户数据构建投资者意见分歧指标，从而在意见分歧指标构建的微观化方面做出了有益尝试。Goetzmann 和 Massa(2005)使用的个人账户数据由 80 000 个家庭户的 100 000 个账户构成。每个账户都记载了该投资者在每个月月末持有的资产组合以及组合中所有资产的交易记录，样本区间从 1991 年 1 月 1 日到 1995 年 12 月 31 日。我们可以观测到账户中每笔交易的股票代码、交易方向、交易数量及交易佣金。除此之外，交易账户还包含有关投资者年龄、收入以及职业方面的个人特征信息。Goetzmann 和 Massa(2005)通过两个步骤构建投资者意见分歧衡量指标：①识别不同的投资者类别；②使用日交易数据构建投资者意见分歧指标。

首先，按照账户投资者的年龄、收入和职业对投资者进行分组，最终得到 8 个年龄组别、8 个收入组别和 12 个职业组别。对于每个特征组别中所有投资者的交易进行汇总，就会得到每个特征组别中所有投资者日交易汇总结果的时间序列数据。

其次，对于个人特征 c(如年龄)，构建如下指标：$N_c=\sum|X_i-X_j|$，$i\neq j$，下标 i 和 j 表示特征 c 中的分组级别。对于年龄和收入特征而言，i 和 j 取自 1～8 的数字；而对于职业特征而言，i 和 j 则取自 1～12 的数字。N_c 代表了统一特征下不同组别交易空间的距离，也就是说，它反映了不同组别投资者交易方式的差异。最终，得到 3 个不同特征(年龄、收入和职业)投资者的意见分歧指标。对于日数据而言，上述 3 个特征可以被看做严格外生，因此基于这 3 个特征的分组结构可以避免其他分组方法导致的伪相关、反向因果以及内生性偏差等问题。

然而，我们认为尽管基于个人账户数据构建的投资者意见分歧指标与其他指标相比存在一定的比较优势，但其仍存在很多问题：首先，使用投资者的交易数量构建的意见分歧指标无法体现投资者的股价估值；其次，尽管特征组别分类的方法有助于排除年龄、收入和职业对投资者交易量的影响，但是由于不同类型的投资者同时参与市场交易，因此基于特征组别分类计算得到的意见分歧指标反映的只是具有该特征投资者的意见分歧，而无法反映所有潜在投资者的意见分歧；

最后，即使不考虑上述局限，基于个人账户计算的投资者意见分歧指标也只反映了最终达成交易的投资者之间的意见分歧，这点与基于公开交易数据计算得到的意见分歧指标类似。

3.4 其他指标

除了上述指标意外，已有研究还针对具体的研究问题构建特殊的投资者意见分歧指标。这类投资者意见分歧指标只适用于特定问题的研究，而无法扩展到其他问题的研究中。例如，Houge 等(2001)分别使用开盘买卖价差、首笔交易发生时间的机构退出比例(flipping ratio)[①]衡量投资者对 IPO 股票存在的意见分歧。这些指标只适用于 IPO 事件研究，而并不适用于其他问题的研究。

综上所述，我们发现，已有研究在投资者意见分歧衡量指标选取和构建方面还存在较大的争议，因此已有的经验研究呈现两种趋势：一是在已有意见分歧资产定价理论基本假设基础上通过数据挖掘的方式选择和构建全新的投资者意见分歧指标，如 Goetzmann 和 Massa(2005)以及 Garfinkel(2009)；二是同时使用多个意见分歧指标，综合比较基于各个指标的回归分析结果并给出最终的判断，如 Berkman 等(2009)。

① 机构退出比例是指锁股期结束后机构投资者把股票卖给其他投资者的比例，这一指标衡量了投资者对新发行股票的意见分歧。

第4章

意见分歧与市场异象

意见分歧资产定价模型兴起的主要原因之一是解释资本市场中存在的各种异常现象。与已有的资产定价理论相比，意见分歧在解释异常交易量和股价高估方面具有先天的优势，本章将对这一领域的研究进行介绍。

4.1 意见分歧与资产泡沫

4.1.1 Harrison 和 Kreps 的离散时间模型

Miller 早在 1977 年就对存在卖空限制情况下投资者意见分歧导致资产价格高估的形成机制进行了分析。此后，Jarrow(1980)对 Miller(1977)的研究结论给出了公理化证明。然而，上述研究属于静态研究，难以解释股价高估尤其是资产泡沫的动态变化演化过程。

Harrison 和 Kreps(1978)在 Miller(1977)的研究基础上提出了再售期权理论，从而将 Miller(1977)的研究进行了动态扩展，更好地解释了资产泡沫的形成原因。该模型的基本观点是，在投资者意见分歧随着时间动态演化的背景下，风险资产持有者具有将其持有资产卖给更为乐观投资者的投机动机。这种投机动机使资产持有者对资产的估值甚至高于其自身已经较为乐观的估值水平，从而导致资产泡沫的产生。Xiong(2012)通过一个简单的例子说明了 Harrison 和 Kreps (1978)的基本思想。假设一个两期资本市场中 $t=0$，1，2，存在两个风险中性的投资者 A 和 B 交易风险资产。该风险资产在时期 2 进行最终支付，其可能的支付值为 100、50 和 0。风险资产最终支付的实现值依赖于图 4-1 中的二叉树模型。如图 4-1 所示，1 期可能呈现两个状态，即价格上升状态 u 和价格下降状态 d。在 2 期，当资产价格经历两期连续上涨后，最终支付为 100；当资产价格上涨和下跌交替出现时，最终支付下降为 50；而当资产价格经历两期连续下跌后，最终支付降为 0。资产价格的变动是随机的，并且在两期经济中满足独立同分布特征。资产的基础价值由不可观测的资产价格上涨概率 π 所决定。定义投资者 i 在状态 j 的信念为 π_j^i，$j\in\{0, u, d\}$，其中的状态 0 指的是第 0 期。假设两个投资者具有如下状态独立的信念：

$$\pi_0^A=\pi_u^A=\pi_d^A=0.5,\ \pi_0^B=0.5,\ \pi_u^B=0.8,\ \pi_d^B=0.2$$

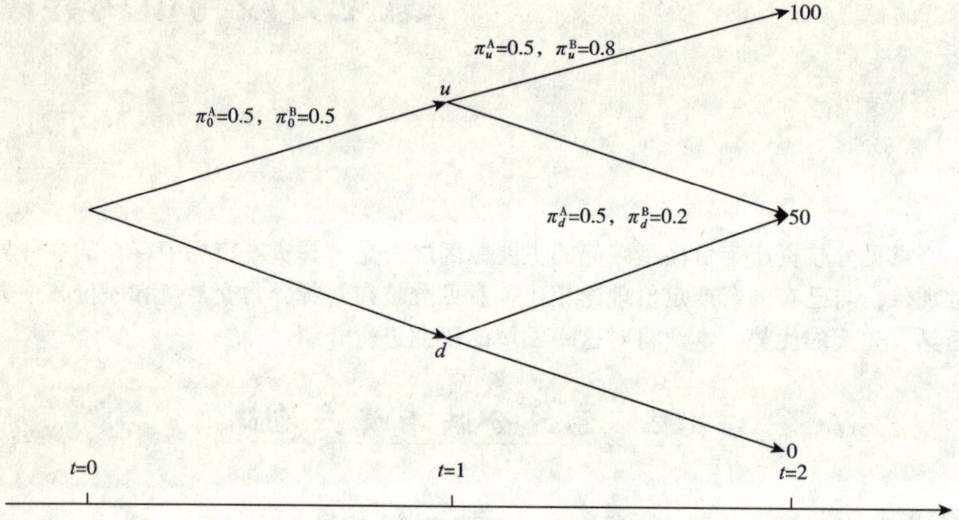

图 4-1 资产泡沫的再售期权理论

资料来源：Xiong W. Bubbles，crises，and heterogeneous beliefs. Princeton University Working Paper，2012

在这种情况下，投资者 A 在 0 期以及 1 期的两种状态下都持有相同的信念 0.5，而投资者 B 的信念则由 0 期的 0.5 变为 1 期状态 u 下的 0.8 或状态 d 下的 0.2。我们可以将投资者 B 的信念变动看做投资者学习的结果。简化起见，我们直接计算两个投资者对资产基础价值的评估。在 1 期的状态 u 下，投资者 A 关于风险资产基础价值的估值为 75 美元，而投资者 B 则为 90 美元；在 1 期的状态 d 下，投资者 A 的基础价值估值为 25 美元，而投资者 B 则为 10 美元；在 0 期，投资者 A 和 B 都持有相同的估值为 50 美元。那么，该资产的市场价格究竟是多少呢？在 1 期的状态 u 下，投资者 B 的估值较高(90 美元)，因此他会选择购入资产。在市场存在卖空限制的条件下，投资者 A 将出售资产，但出售量不能高于他拥有的资产数量。假设投资者 B 拥有充足的现金，并且能够将资产价格提升到其估值水平。我们假设市场是竞争性的并且能够将资产价格提升到买方的保留估值水平，因此投资者 B 将以 90 美元的价格从投资者 A 手中购入风险资产。我们发现，卖空限制的存在使风险资产在乐观投资者的估值水平上成交，这一结果与 Miller(1977)相一致。类似地，在 1 期的状态 d 下，投资者 A 将以 25 美元价格从投资者 B 手中购入风险资产。逆向归纳结果显示，所有投资者在 0 期的估值都是 57.5 美元，即使他们对资产最终支付的期望值都为 50 美元。7.5 美元的差值就是资产所有者再售期权的价值，即持有资产的投资者在 1 期以高于自身估值水平的价格将资产出售给其他投资者的可能性。对于投资者 A 而言，他期望在 1 期的状态 u 下以 90 美元的价格将资产出售给投资者 B，这一价格高于其自身的估值水平 15 美元；而当状态 d 发生时，投资者 A 将选择继续持有风险资产。类似地，投资者 B 期待在 1 期的状态 d 下以 25 美元的价格将资产出售给投资者 A，高于其自身估值水平 15 美元；而当状态 u 发生时，投资者 B 将选择继续持有风险资产。状态 u 下的再售期权使投资者 A 在 0 期的估值增加了 7.5 美元，而状态 d 下的再售期权使投资者 B 在 0 期的估值增加了 7.5 美元。这种再售期权源自投资者的投机行为，其价值构成了资产价格中的泡沫部分，即超过市场中乐观投资者估值水平的价格部分。

4.1.2 Scheinkman 和 Xiong 的连续时间模型

Scheinkman 和 Xiong (2003)在连续时间框架下对 Harrison 和 Kreps(1978)的模型进行了扩展，发现适度的投资者意见分歧通过再售期权的递归结构就足以生成较大的资产泡沫，这会导致资产价格泡沫和交易狂热的同时出现，这种现象在历史上的许多资产泡沫形成过程中都曾出现过。在其模型中，Scheinkman 和 Xiong(2003)假设意见分歧产生的原因来自投资者的过度自信，并且满足一个平稳的线性结构。市场中存在两个投资者交易风险资产，风险资产的基础价值数不可观测。假设风险资产的基础价值满足波动项为常数的线性扩散过程。投资者根据观测到的股利分配及彼此的信号推断资产的基础价值。每个投资者都拥有彼此不同的信号并对自身信号的准确性过度自信，这使得投资者会对其信号反应过度。这种过度反应使得投资者的信念存在分歧，而投资者对股利信息的一致反应使得他们的信念随时间的变动逐渐收敛。对于每个投资者来说，其他投资者的信念将按照线性扩散过程均值回复于其自身的信念。投资者信念的线性结构以及资产基础价值的线性结构使我们能够将持有资产投资者的估值分解为资产基础价值的期望值与再售期权的价值，而后者由投资者的意见分歧所决定。与 Harrison 和 Kreps(1978)类似，Scheinkman 和 Xiong (2003)也将再售期权的价值作为资产价格中的泡沫成分。

在上述理论框架下，资产持有者实际上面临着一个最优时停问题来决定是否执行再售期权并将资产出售给另一个投资者。在均衡状态下，他将在投资者的意见分歧触发最优门限时出售资产。也就是说，当资产购买者的信念超过持有者的边距(margin)时，交易发生。这一边距由交易成本和持有者的期权价值共同决定。再售期权满足递归结构，因为当持有者出售资产时，购买者同时又获得了一个再售期权。这种递归结构说明，即使投资者之间较小的意见分歧也能产生较大规模的资产泡沫。另外，Scheinkman 和 Xiong(2003)还证明，随着投资者意见分歧的波动逐渐增强，投资者的交易将变得越来越频繁，而再售期权的价值也逐渐增大，从而导致较大规模资产泡沫和交易狂热相伴出现。

Scheinkman 和 Xiong(2003)的研究结果说明：首先，大规模资产泡沫的产生并不必然依赖于投资者的过度乐观情绪，即使不存在所有投资者的信念扭曲，他们之间的意见分歧波动也会导致出现显著的资产价格泡沫；其次，根据再售期权理论得到的资产泡沫成分具有平稳的时间序列属性，与此前在同质信念框架下得到的理性泡沫(Blanchard and Waston　1983)相比形成鲜明的对比；最后，交易频率体现了投资者意见分歧的波动，因此与资产价格中的再售期权价值相关联。这些研究结果与历史上曾经出现的资产泡沫特征相吻合，如资产泡沫往往与技术和金融创新同时出现，以及泡沫期间伴随出现的交易狂热。由于新技术和金融创新在刚出现时往往具有较大的不确定性，不仅会使投资者的先验信念存在分歧，而且会为投资者产生过度自信偏差创造条件，从而使投资者对其偏好的信号反应过度，这就可以解释为什么资产泡沫往往与技术和金融创新相伴出现。

除了上述研究之外，Hong 等(2006)还强调了流通股在资产泡沫形成和破裂过程中的作用。他们构建了一个有限期界的离散时间模型，在这个模型中投资者的风险承受能力有限，并且能够交易股份非全流通的风险资产。投资者意见分歧随时间而变化，投资者不断对其持有资产的再售期权价值进行评估。投资者有限的风险承受能力使得流通股在再售期权价值决定过程中发挥重要的作用。对于当前资产持有者来说，较高的流通股比例意味着他们只有在未来市场意见分歧达到较高水平时出售资产才能获得投机收益，从而使再售期权在当前具有较低的价值。这一模型有助于我们解释 2000 年年初互联网股票迅速下跌现象，因为当时恰逢大规模互联网股票结束锁定期，大量机构投资者卖出其持有的互联网股票。同时，该模型还说明资产价格的泡沫成分随着资产到期日的临近而逐渐上升，因为到期日的临近说明投资者出售资产的时间所剩无几，这一观点在中国的权证泡沫中得到了验证(Xiong and Yu　2011)。

4.1.3 经验证据

经验研究分别通过横截面和时间序列分析对上述研究中关于资产泡沫与交易量狂热同时存在的结论进行了验证。Hong 和 Stein(2007)以 1986～2005 年 CRSP 数据库中 1000 只最大市值的股票为研究样本，发现高市账比股票与低市账比股票相比呈现较高的换手率水平，这种换手率水平的差异在互联网泡沫时期表现得尤为明显。另外，他们还发现 1901～2005 年的标准普尔 500 指数的年度收益率与纽约证券交易所的换手率显著正相关，相关系数为 0.49。而 Mei 等(2009)则以中国公司跨境上市股票的价格比率为研究对象，发现同一上市公司国内发行股票与国外发行股票的价格比与两个市场中该股票的换手率之比显著正相关。由于跨境发行股票具有相同的现金流权和投票权，因此，两个市场的股票价格之比反映的是因国内投资者投机行为导致的资产泡沫成分。此外，Xiong 和 Yan(2010)发现，在中国股市经历的权证泡沫期间，高价权证往往伴随着较高的换手率。

由于换手率指标经常被用来衡量投资者意见分歧，因此，上述经验研究都证明投资者意见分歧是导致资产泡沫产生的重要原因，两者呈正相关关系。Xiong(2012)认为，上述理论和经验研究发现的资产泡沫与交易狂热相伴出现的特征有助于监管当局和市场参与者建立资产泡沫预警机制，从而有利于避免因资产泡沫不断膨胀进而破裂所引起的整个金融体系的系统性风险。

4.2　意见分歧与信用周期

已有研究一直强调信用市场的扩张和收缩是导致金融市场和实体经济扩张和收缩的重要原因，尤其是在 2007～2008 年金融危机之后，这一观点更是再次引起了理论界的广泛重视。Adrian 和 Shin(2010)的经验研究发现，如果按照逐日盯市(marked-to-market)考量金融机构的财务杠杆，会发现这一指标是顺周期的，并且金融机构资产负债表的变动能够预测金融市场的风险和流动性。此外，还有许多理论研究分析了抵押品约束和保证金约束对资产价格动态的影响。Kiyotaki 和 Moore(1997)构建了一个动态模型，证明了作为贷款抵押的耐用性资产(如土地)能够将技术或收入分配的短期小规模冲击放大为资产价格和产出的持续性大规模波动。Gromb 和 Vayanos(2002)证明保证金约束会迫使套利者在时机尚未成熟时变现套利头寸，并因此导致资产价格的无效率。而 Brunnermeier 和 Pedersen(2009)则认为，保证金约束是不稳定的，市场流动性和交易者的资金流动性可以互相强化，从而导致出现“流动性螺旋”(liquidity spirals)。换句话说，市场流动性的恶化束紧了交易者的保证金约束及其资产的流动性，从而降低了市场的流动性。Garleanu 和 Pedersen(2011)构建了一个动态均衡模型，证明保证金约束会导致资产价格违背“一价定律”。

Shiller(2000)以及 Reinhart 和 Rogoff(2009)认为，部分投资者的乐观情绪是房地产繁荣以及历史上多次金融市场繁荣的重要驱动力，而这些资产市场的繁荣无一不是由于乐观投资者过高的财务杠杆而最终演变为金融危机。Geanakoplos(2001，2010)构建了一个多期的异质信念模型来分析资产抵押品价值和市场价值的联动关系。在其模型中，假设存在 1 项风险资产，并且异质信念投资者对资产的基础价值具有连续的信念。具有乐观信念的投资者想购买资产但资金不足，投资者可以将资产作为抵押从其他投资者处进行融资。在均衡情况下，信用市场和资产市场同时繁荣：一方面，较高的抵押品价值使得乐观的资产购买者能够以较低的成本融得资金，从而会拉升资产价格；另一方面，较高的资产价格又会提高抵押品的价格。在未来出现负面的基础性冲击后，信用市场均衡会放大负面冲击对资产市场的影响。除了资产的基础价值下跌之外，负面冲击还会将最初的资产所有者驱逐出市场，因为他们持续获得融资的能力已经达到极限。此外，负向冲击还降低了抵押品的价值，并因此进一步放大了对资产价格的冲击。Fostel 和 Geanakoplos(2008)从国际视野对上述研究进行了扩展，并且证明杠杆周期能够引起价格传染，并且能够解释国际金融市场上新兴经济体资产价格的过度波动。Cao(2011)构建了一个体现抵押品约束的异质信念均衡模型，分析了抵押品约束对资产价格波动和实体经济投资波动的影响。Simsek(2010)发现，当乐观投资者受到现金约束并且需要从悲观投资者处获得抵押债务融资时，投资者意见分歧的分布将发挥决定性作用：如果投资者只是对价格上涨状态的发生概率存在意见分歧，那么意见分歧的扩大会导致较高的资产价格，与 Miller(1977)相一致；如果投资者只是对资产价格下跌的发生概率存在意见分歧，那么意见分歧的上升将会导致较低的资产价格，这是因为对资产价格下行概率的意见分歧会增加乐观投资者的借贷成本。

尽管上述研究在研究内容和研究方法方面不尽相同，但其基本原理都是一致的。Xiong(2012)通过一个简单的模型对上述研究的基本原理进行了描述。假设市场上存在两类投资者 A 和 B，他们在 3 期($t=0$，1，2)市场中交易 1 项风险资产。假设市场不允许卖空，并且利息率为 0。用 4.1 节中描述再售期权的二叉树模型表示资产基础价值。假设风险资产在 2 期的清算价值可以为 100、50 或 0。两类投资者对每期风险资产价格是否上涨的概率具有意见分歧。与前面的分析不同，此处假设两类投资者的信念为常数：$\pi^{A}=0.5$，$\pi^{B}=0.8$。图 4-2 给出了二叉树形状及投资者的信念，很容易就能计算出不同状态下投资者对资产基础价值的估值。在 1 期的状态 u 下，A 类投资者对风险资产基础价值的估值为 75 美元，B 类投资者为 90 美元；在 1 期的状态 d 下，A 类投资者的基础价值估值为 25 美元，而 B 类投资者的估值为 40 美元；在 0 期，A 类投资者的基础价值估值为 50 美元，而 B 类投资者则为 80 美元。

假设 A 类投资者在 0 期拥有所有的风险资产，将其持股数标准化为 1 股，而每个 B 类投资者则拥有现金禀赋 40 美元。异质的 B 类投资者持乐观态度，他们想从 A 类投资者处购入资产，但现金不足。在这种情况下，B 类投资者将会以什么样的价格购入多少股资产呢？答案取决于他们能够获得多少融资。假设 B 类投资者在 0 期能够将资产作为抵押从 A 类投资者处进行融资。抵押品有助于

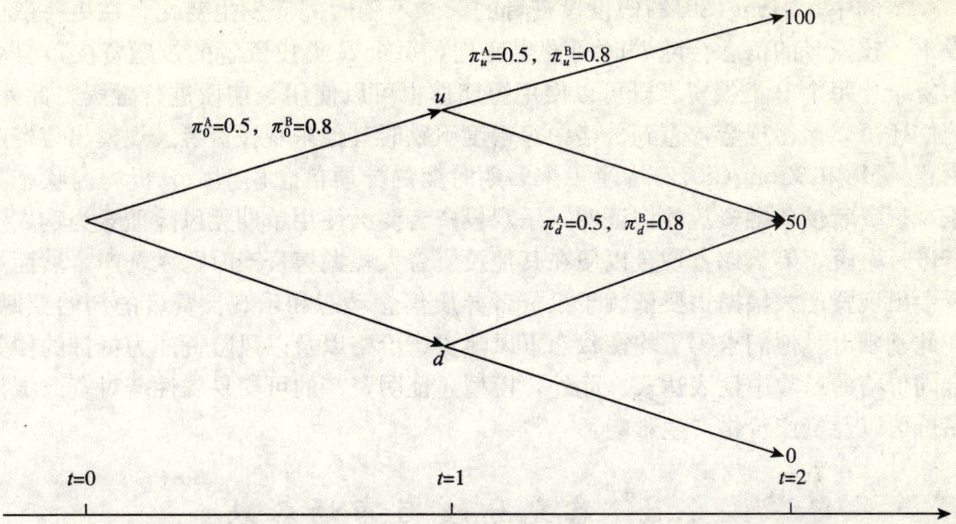

图 4-2　信用周期例图

资料来源：Xiong W. Bubbles，crises，and heterogeneous beliefs. Princeton University Working Paper，2012

降低借款人的违约风险。也就是说，如果借款人无法偿还贷款，那么贷款人将没收抵押品。因此，抵押品的质量就决定了贷款的违约风险。

假设 0 期的资产价格介于 A 类投资者和 B 类投资者的基础价值估值之间。B 类投资者中的每个投资者需要通过债务融资实现总投资的期望收益最大化。一方面，信用市场使投资者能够持有更多的资产头寸；另一方面，投资者又会担心承担信用成本。两类投资者之间的意见分歧意味着 A 类投资者对资产价格下行风险的担忧要高于 B 类投资者。因此，如果债务是有风险的，那么 A 类投资者要求的违约溢价将会高于 B 类投资者评估的违约风险。Geanakoplos(2010)认为这会促使 B 类投资者最大限度地使用无风险借贷，本例中 B 类投资者的无风险借贷意味着借款人承诺在 1 期偿还 25 美元。这种贷款之所以被称为无风险贷款，是因为即使贷款人在 1 期 d 状态下无力偿还贷款，借款人仍可以通过没收抵押资产收回 25 美元。通过无风险贷款，B 类投资者在 0 期能够从 A 类投资者获得 25 美元的授信以购入资产。加上 B 类投资者的初始禀赋 40 美元，B 类投资者能够将资产价格提升到 65 美元，这一价格恰好介于两类投资者的估值水平之间。因此，我们可以认为资产抵押品的价值决定了其市场价格。如果现实中 1 期的状态为 d，B 类投资者抵押的资产恰好能够偿还贷款，最终导致这类投资者离开市场。因此，状态 d 下资产价格将回归到 A 类投资者认为的基础价值 25 美元，而不是介于两类投资者估值水平之间的价格。在这种情况下，信用周期会导致资产的大规模出售，从而放大负向冲击对资产价格的影响。

本例中，Xiong(2012)假设投资者的信念不随时间而发生变化。在更一般假设下，投资者的信念会随着时间发生变化，每个B类投资者的投融资决策会更为复杂。每个B类投资者既可以使用短期债也可以使用长期债进行融资。此外，他们还可以储蓄现金，直到价格中等幅度下跌时其他乐观投资者大规模出售资产为止。He和Xiong(2012)构建一个多期时变的异质信念模型，分析均衡状态下乐观投资者债务融资。他们证明，乐观投资者要么使用单期无风险债券为购入资产进行融资，要么储蓄现金以便在其他投资者大幅抛售资产时购入资产，然而是否会出现资产大幅抛售要依赖于投资者异质信念动态和乐观投资者的初始禀赋。在此基础上，他们求得了均衡状态下风险资产价格以及以风险资产为抵押的债务合同价格的风险中性表达式。此外，模型还证明资产的可交易属性会对资产抵押品价值以及资产价格产生影响。

4.3 意见分歧与市场暴跌

4.1节分析了存在卖空限制条件下，投资者意见分歧与资产泡沫的动态关系，已有研究已经证明投资者意见分歧是导致资产泡沫产生的重要原因。那么究竟是什么原因导致资产泡沫破灭的呢？投资者意见分歧是否能够解释资产泡沫破灭过程中伴随的市场暴跌现象呢？一个合理的推断是随着更多的信息披露，未来的不确定性逐渐降低，市场参与者最终会意识到资产价格被高估。因此，资产泡沫最终会破灭。然而，历史经验却显示，资产泡沫往往在短时间内迅速破灭且出乎市场预料。因此，投资者的逐渐学习过程难以解释资产泡沫破灭的上述特征。

已有文献为资产泡沫的破灭提供了其他解释。Hong和Stein(2003)构建了一个卖空限制条件下的意见分歧模型，研究市场下行环境下隐藏的负面信息显现对资产价格的影响。在存在卖空限制的条件下，悲观投资者无法参与市场，因此其拥有的信息无法体现在资产价格之中。然而，如果最初的乐观投资者出售资产，那么作为资产潜在购买者的最初的悲观投资者将承担托市的责任。悲观投资者入市时机体现了此前这类投资者隐藏的私人信息。如果最终的悲观套利者没有充分托市，那么理性套利者就会推断悲观投资者此前隐藏的私人信息要比当前的资产价格更加负面。套利交易者的这种推断会使价格出现更大幅度的下跌，从而导致市场暴跌。这一理论有助于解释在缺乏重要信息情况下的市场出现的暴跌现象。

Abreu和Brunnermeier(2003)构建意见分歧模型，分析资产泡沫期间套利交易者卖出策略协同的非同步性问题。在其模型中，非理性投资者引致的资产泡沫随机产生，并以一个外生的速率不断扩张。该模型着重分析可以从事卖空交易的理性套利者的行为，当套利者的卖出压力足够大时，资产价格会最终破灭。假设套利者在不同的时点上获悉资产泡沫的存在，并且这些信息属于私人信息。也就是说，当套利交易者得知存在资产泡沫时，他面临其他套利者可能并不知情的不确定性。套利交易者知情时点的异质性会导致套利者在某一时点上就市场是否存在资产泡沫存在意见分歧，这会导致套利者在卖空策略协同方面面临困难。由于在资产泡沫破裂前采取顺势交易策略有利可图，因此，理性套利者会选择顺势交易而非卖空策略。在这种情况下，即使在套利交易者知情的情况下，资产泡沫还会持续相当长的时间。该模型表明，由于新闻事件有助于协同套利者的卖空交易，因此负面新闻事件披露导致泡沫暴跌的幅度会远远超过新闻本身包含的信息含量。

4.4　意见分歧与 IPO 溢价

Miller(1977)首次从投资者意见分歧和卖空限制相结合的角度对股票 IPO 期间的市场异象进行了解释。他认为，新发行股票的价格并不是由典型投资者所决定的，而是由少部分高度乐观投资者决定的，这部分投资者高估了股票的价值并将其纳入投资组合。投资者对那些没有业绩记录且面临较大不确定性的公司往往存在较大的意见分歧。随着时间的推移及相关信息的逐渐披露，上市公司经营面临的不确定性逐渐降低，上市之初对股票过度乐观的投资者的比重不断下降，从而导致 IPO 时被高估的股价逐渐向其基础价值回归。Miller(1977)为解释 IPO 股票的中长期弱势提供了新的思路。

Morris(1996)借鉴 Harrison 和 Kreps(1978)的再售期权基本思想对 Miller(1977)的研究进行了公理化证明。在其模型中，Morris 假设投资者的意见分歧来自他们对 IPO 股票基础价值的先验信念分歧。随着时间的推移，投资者根据公开披露的信息流进行信念修正，因此他们的信念随着信息流动而波动。尽管从长期来看，投资者的信念会最终收敛，但是在短期内也会出现信念交叉的情况。投资者的信念波动吸引投资者彼此之间进行投机交易，从而使其对 IPO 股票的估值高于股票的基础价值，即认为 IPO 股票的估值由基础价值和再售期权价值所构成。Morris 的研究对于解释 IPO 溢价现象提供了很好的思路。

在理论研究基础上，Dong 和 Michel(2009)分别使用超额行业波动率和分析师的行业预测分歧衡量投资者对 IPO 股票的意见分歧，发现所在行业的投资者意见分歧程度较高的股票具有较高的发行收益和较低的长期收益，这一效应在市场需求量较高(用超额配售比例衡量)以及互联网泡沫期间的表现更加明显，从而为 Miller(1977)提供了经验证据。Chemmanur 和 Krishnan(2011)则研究了承销商声誉对股票 IPO 期间投资者意见分歧的影响，认为声誉较高的承销商或承销团会吸引高质量的机构投资者参与 IPO 发行，从而使个人投资者对 IPO 股票价值过度乐观。个人投资者的乐观情绪会加大投资者之间的意见分歧，从而导致股价在 IPO 期间被高估。经验结果显示，声誉较高的承销商承销的股票对其基础价值的高估幅度高于声誉不高的承销商承销的股票，这一结果既支持了 Miller(1977)的研究结论，也证实了承销商的“市场力”(market power)假说。

4.5 意见分歧与动量效应

关于意见分歧与动量效应的研究并不多见，已有研究中，Jegadeesh 和 Titman(1993)构建了一个简单的模型，对意见分歧与动量效应的关系进行了分析。假设 1 只股票在 2 期支付清盘股利 $D=A+B$，其中 A 和 B 是两个零均值独立的随机变量，我们将其理解为两条不同的公共信息的实现值。A 和 B 在 0 期都是未知的，因此 0 期投资者对 D 的期望值为 0。简化起见，假设利率为 0，并且不存在风险溢价(即股票供给相对于投资者总的风险承受能力而言少到可以忽略不计)。在这种情况下，0 期的股票价格 P_0 也等于 0。

现在假设 A 和 B 的实现值在 1 期可以被观测，但是 f 比例的投资者只能观测到 A，而剩余$(1-f)$比例的投资者则只能观测到 B。而且，只能观测到 A 的投资者坚信 A 足以预测 D(即他们错误地认为 $D=A$)，类似的情况也存在于只能观测到 B 的投资者中。上述假设反映了渐进信息流和有限注意的本质特征。如果投资者能够无摩擦地持有多头和空头头寸，并且假设股票供给有限，那么上述假设意味着 1 期股票的市场价格 $P_1=fA+(1-f)B$。简言之，股价只不过是当前投资者对 D 的期望值的加权平均。因此，股票从 0 期到 1 期的美元收益 $R_1\equiv(P_1-P_0)$就等于 $fA+(1-f)B$。并且由于股票在 2 期支付清算股利为 D，所以 1 期至 2 期的股票收益 R_2(实际上就是 $D-P_1$)等于$(1-f)A+fB$。

我们会对上述分析产生两个问题：首先，1 期至 2 期的股票收益是否存在正的动量效应？其次，这种动量效应在多大程度上与交易量相关联？对于上述分析而言，动量效应可以用 1 期收益 R_1 和 2 期收益 R_2 的协方差(或相关性)来表示。也就是说，如果 1 期收益为正(负)时，随后的 2 期收益也为正(负)，我们就认为存在动量效应。

在此模型中，可以直接证明股票收益动量效应为正。而且动量效应在 $f=(1-f)=\frac{1}{2}$时达到最大值，即关注每条信息的投资者比重是相同的。这一结果很好理解：如果我们假设没有投资者关注 $A(f=0)$，那么 1 期市场对 A 完全反应不足，因此对 A 的股价反应会全部延迟到 2 期。而这种延迟反应却说明 2 期收益是不可预测的，这是因为 1 期收益并不包含有关 A 的信息。与之相反，当 $f=\frac{1}{2}$时，有关 A 的一半信息已经反映在 1 期的股价中，而另一半信息则会反映在 2 期股价中，此时的动量效应达到最大值。

此外，该模型还预测动量效应随着平均交易量的上升而递增。显然，如果 1 期的所有投资者都只关注 A 或 B($f=0$ 或 $f=1$)，那么他们之间就不存在意见分歧，也就不会有交易发生。反之，当关注不同信息(A 或 B)的投资者比重是相同的，即 $f=\frac{1}{2}$，那么预期交易量就会达到最大。此时，随着关注不同信息的投资者比重逐渐趋同，动量效应和预期交易量将同时上升。这一结论隐含着经验含义，即在其他条件不变的情况下，动量效应在平均交易量较高股票中的表现更加明显。Lee 和 Swaminathan(2000)为此提供了经验证据，他们发现动量交易策略(买入赢家组合的同时卖出输家组合)在换手率较高的股票中获利更高。

第5章

意见分歧与公开信息披露期间的市场反应

经验研究显示，金融市场会对公开信息披露产生反应，这种反应既体现在交易量上也体现在资产价格上。而公开信息披露类型既包括微观层面上市公司的盈余公告、股利发放公告和新股发行公告，也包括宏观层面的宏观经济信息发布等。与其他理论模型相比，意见分歧模型在解释公开信息披露期间市场反应方面具有独特的优势，本章将对此进行介绍。

5.1 意见分歧与信息披露期间的交易量

Harris 和 Raviv(1993)建立模型，从投资者意见分歧角度对股票市场公开信息披露期间的交易量反应进行研究。他们认为，投机交易者对信息披露与资产未来收益关系存在意见分歧是导致信息披露期间交易量变化的主要原因。为了与非对称信息理论相区别，Harris 和 Raviv(1993)将意见分歧产生的原因归结为对公共信息的异质解释。他们假设所有投资者对资产未来收益都具有相同的先验信念。投资者同时收到相同的公开信息，但是采用不同的方法对公开信息进行解释。更为重要的是，所有投资者都认为自己对公开信息的解释是正确的。当公开信息披露时，所有投资者都根据自己的模型(概率函数)进行信念修正。假设市场上存在两类风险中性的投机交易者，这两类交易者对信息好坏的意见是一致的，但是对信息的重要程度存在意见分歧。如果交易者认为信息较为重要，那么其信念修正的幅度较大，称其为“响应”交易者(responsive group)；反之，则称为“非响应”交易者(unresponsive group)。因此，当过去的信息披露的累积冲击为正面，那么响应交易者对资产的估值更高，最终会持有所有的资产。而当过去的信息披露的累积冲击为负面，那么非响应交易者对资产的估值更高，最终会持有所有的资产。因此，只有在累积信息冲击由好变坏或由坏变好时，交易才可能发生。在上述分析基础上，Harris 和 Raviv(1993)得出如下结论：①价格变动绝对值与交易量正相关；②投资者对资产最终支付预测均值变动的绝对值与交易量正相关；③如果投机者高估(低估)信号的真实质量，那么连续的价格变化将呈现负(正)的序列相关；④交易量具有正的自相关结构；⑤从平均来看，市场开市阶段的交易量要高于闭市阶段的交易量(包括隔夜、周末和节假日)。

Kandel 和 Pearson(1995)以上市公司定期披露的盈余公告为研究对象，对信息披露期间的市场反应进行了经验研究。他们发现在盈余公告披露期间，即使不存在的明显的股价反应，也会存在显著为正的交易量变动，说明盈余公告期间的异常交易量与股价变动并不相关，这一结果显然与 Harris 和 Raviv(1993)的模型结论相矛盾。为此，他们构建了一个新的模型对此进行解释，其与 Harris 和 Raviv(1993)模型最大的不同在于，他们不仅假设投资者对公开信息采用不同的解释方式，还假设投资者的先验信念也存在差别。

5.2　意见分歧与信息披露引起的股价反应

早期资产定价理论认为，投资者之间的意见分歧是特异性的，在交易过程中会彼此抵消，因此不会对股票的均衡价格产生影响(Beaver　1968；Lintner　1969；Bamber and Cheon　1995)。然而，早期研究没有考虑股票市场普遍存在的卖空限制，而卖空限制即使在美国这样的成熟股票市场依然存在，如融券成本、提价交易规则(up-ticker rules)等，这些限制都会阻碍悲观投资者通过卖空交易将其信念充分反映在股价中。根据意见分歧资产定价理论，卖空限制的存在会使股价因体现乐观性偏差而被高估，从而形成错误定价。而盈余信息披露会通过改变投资者之间意见分歧程度的方式影响这种错误定价，其最终结果可以表现为股价向其基础价值回归或者进一步偏离其基础价值。

5.2.1　盈余公告对投资者意见分歧的影响：收敛还是发散

目前，理论研究关于盈余信息对投资者意见分歧的影响存在两种截然不同的观点：一种观点认为盈余信息的有用性有助于提高投资者对公司股票未来收益预测的准确程度，能够降低投资者之间存在的意见分歧，从而有助于缓解股价高估现象(Brown and Han　1992；Berkman et al.　2009)；而另一种观点认为，投资者之间的异质性(包括先验信念和信念修正的异质性)使得他们即使对同一公开信息也可能产生异质解释，扩大了彼此间的意见分歧，从而使股价高估进一步扩大(Morris　1996；Scheinkman and Xiong　2003)。

其中，Brown 和 Han(1992)认为，信息有用性的一个重要体现就在于它能够提高人们对未来事件估计的准确程度。对于盈余公告而言，盈余信息应该有助于投资者提高对公司未来现金流估计的准确程度。在此基础上，他们发现盈余信息会降低分析师每股收益预测的方差，由于分析师预测经常被用来衡量投资者意见分歧程度，因此他们认为，盈余公告有助于降低投资者的意见分歧程度。Berkman 等(2009)认为，如果盈余信息是有用的，那么它们在提高投资者对股票未来收益估计的准确程度的同时也必然会降低(或收敛)投资者之间存在的意见分歧。在此基础上，他们使用分析师预测、换手率、波动率等六个指标衡量盈余公告前投资者之间的意见分歧程度，发现其与公告期间股票收益负相关，认为这正是由于盈余公告引起的意见分歧收敛效应使得公告前因意见分歧和卖空限制而被高估的股价在公告期间向其基础价值回归而导致的。

我们基于 Scheinkman 和 Xiong(2003)的理论研究，分析投资者异质解释对公告期间股票收益的影响。Scheinkman 和 Xiong 建立了一个无限期界的连续时间模型，在该模型中假设存在唯一的有限供给的风险资产，投资者都是风险中性的，市场禁止卖空。风险资产当前支付的股利由决定资产未来股利支付的基础变量和噪声项构成。除了股利支付以外，每一时刻还会出现两个信号集。所有的投资者都面对相同的信息，然而投资者对信号集的不同解释将他们划分为两个不同的类别。每类投资者都高估各自对应信号集的信息含量，因而对资产未来股利支付形成不同的预测。需要特别强调的是，Scheinkman 和 Xiong 模型中的投资者知道其他投资者的预测值，但是有限理性(过度自信)使他们允许这种分歧的存在。随着信息的逐渐流动，两类投资者的相对地位(乐观还是悲观)不断发生变化，从而导致了交易的产生。投资者对资产的估值除了包括资产的基础价值以外，还需要反映再售期权的价值。因此，当前资产持有者要求的卖价与其基础价值估值之差就是再售期权的价值，即所谓的资产泡沫。下面，我们将用数学表达式简要地描述 Scheinkman 和 Xiong 的研究结果。

假设资产的股利过程满足：$D_t = f_t dt + \sigma_D dZ_t^D$，$df_t = -\lambda(f_t - \bar{f})dt + \sigma_f dZ_t^f$，其中，$f_t$ 表示不可观测的决定资产未来股利支付的基本面因素；Z^D 表示标准的布朗运动；σ_D 表示波动率参数。$\lambda \geqslant 0$ 表示均值回复参数，$\bar{f}$ 为 f 的长期均值，而 σ_f 和 Z^f 分别表示 f 对应的波动率参数和标准布朗运动。

两类有限理性的投资者 A 和 B 分别观察到关于基本面因素 f_t 的不同信号 s_t^A，s_t^B，投资者 A 和 B 分别对各自观测到的信号具有 $\phi(0<\phi<1)$的过度自信，此时有

$$ds_t^A = f_t dt + \sigma_s \phi dZ_t^f + \sigma_s \sqrt{1-\phi^2}\, dZ_t^A$$

$$ds_t^B = f_t dt + \sigma_s \varphi dZ_t^f + \sigma_s \sqrt{1-\phi^2}\, dZ_t^B$$

我们将投资者的异质解释定义为 $g^A = \hat{f}^B - \hat{f}^A$ 或 $g^B = \hat{f}^A - \hat{f}^B$。最终，我们得到股价表达式：

$$p_t^o = p^o(\hat{f}_t^o, g_t^o) = \frac{\bar{f}}{r} + \frac{\hat{f}_t^o - \bar{f}}{r+\lambda} + \sup_{r+\lambda} E_t^o\left[\left(\frac{g_t^o}{r+\lambda} + q(g_{t+\tau}^{\bar{o}}) - c\right)e^{-r\tau}\right]$$

其中，$o \in \{A, B\}$。那么，$q(g_t^o) = E_t^o\left[\left(\frac{g_t^o}{r+\lambda} + q(g_{t+\tau}^{\bar{o}}) - c\right)e^{-r\tau}\right]$则可以视为行权价为$\frac{g_t^o}{r+\lambda} + q(g_{t+\tau}^{\bar{o}}) - c$的美式看涨期权(再售期权)的价值。我们看到该期权的价值与投资者的异质解释(g_t^o)正相关。

Scheinkman 和 Xiong 的理论模型说明，投资者由于对公开信息的不同解释(异质解释)而产生意见分歧，在存在卖空限制的条件下，这种意见分歧会使当前股价被高估，高估的幅度反映了再售期权的价值。投资者对公开信息的异质解释程度越高，他们之间对股票未来收益预测的分歧就越大，在存在卖空限制的条件下，导致当前股价被高估的幅度就越高，即异质解释与当前股价呈正相关关系。Morris(1996)发现，分析师预测在盈余公告后会显著上升，从而为 Scheinkman 和 Xiong(2003)提供了经验证据。

到目前为止，理论研究尚未就信息披露对投资者意见分歧的影响达成共识。最近的研究(Chang et al.　2009)认为，盈余信息对投资者意见分歧的两种效应同时存在：①当投资者从盈余信息中得到相同的解释时，盈余信息的公布会降低投资者公告前的意见分歧程度，从而导致公告前因投资者意见分歧和卖空限制而被高估的股票在公告期间向其基础价值回归；②当投资者从盈余信息中得到不同的解释时，盈余信息的公布会使投资者产生新的意见分歧，在存在卖空限制的条件下会导致股价在公告期间出现高估的趋势。

5.2.2　盈余公告期间股价的非对称反应

Xu(2007)首次从卖空限制和投资者对信息异质解释的角度对公开信息披露期间股价的非对称反应做出解释。在其模型中，Xu 假设投资者对于股票未来价值的先验信念方面具有共识，但是在可观测公共信号准确度的判断方面存在差异。当公布的信息为好消息时，乐观投资者会对信息的准确性给出较高的评价，在存在卖空限制的情况下，股价将反映乐观投资者的信念；反之，当观测到的信息为坏消息时，乐观投资者会对信息的准确性给出较低的评价，在存在卖空限制的情况下，股价仍将反映这部分投资者的信念。也就是说，在好消息条件下，股价上涨反映的是那些对信息反应最强烈的投资者的信念；而在坏消息条件下，股价下跌反映的是那些对信息反应最弱的投资者的信念。这种投资者反应的非对称性源自卖空限制和对信息的不同解释，并且随着卖空限制和投资者异质解释程度增加而加强。基于此，Xu 预测在其他条件不变的情况下，资产价格对好消息的反应强度应高于对坏消息的反应，这种价格反应的非对称性随着投资者对公告信息解释的异质程度以及卖空限制程度的增加而更加明显。Chang 等(2010)以美国股票市场为研究对象，为 Xu 的理论结论提供了经验支持。下面我们将详细介绍 Xu 的理论模型。

假设在一个完全竞争的市场中存在两种资产，即风险资产和收益率为 R 的无风险资产。市场的存续期为 3 期。在 0 期，指数效用函数投资者进入市场，其禀赋为 1 单位风险资产。在 1 期，有关风险资产支付的信息被公布。第 2 期，风险资产的支付实现，同时投资者进行消费。其中，1 期的信号由风险资产的真实支付与噪声项之和来表示，即 $s=x+\varepsilon$。其中，$x\sim N(\mu_x, \tau_x^{-1})$，$\varepsilon\sim N(0, \tau_\varepsilon^{-1})$。投资者对支付 x 的分布具有一致预期，但是对 ε 具有异质预期，实际上是对 ε 的精度 $\tau_\varepsilon=1/\sigma_\varepsilon^2$ 存在异质预期。基于此，Xu 将投资者分为两类，即高精度投资者 H 和低精度投资者 L，$\tau_L<\tau_H$。两类投资者占所有投资者的比重分别为 $1-\lambda$ 和 λ。假设市场禁止卖空，则 θ 类投资者 $\theta\in\{L, H\}$ 的后验精度和后验均值分别为

$$\hat{\tau}_\theta=\tau_x+\tau_\theta \tag{5-1}$$

$$\hat{\mu}_\theta=\frac{\tau_x}{\hat{\tau}_\theta}\mu_x+\frac{\tau_\theta}{\hat{\tau}_\theta}s \tag{5-2}$$

式(5-1)说明，高精度投资者后验精度仍然高于低精度投资者。而式(5-2)说明，与高精度投资者相比，低精度投资者对先验信念赋予较高的权重，而对信号赋予较低的权重。通过求解最优化问题，得到在不存在卖空限制条件下，1 期的均衡满足：

$$P_{1,m}=\frac{\lambda\hat{\tau}_L\hat{\mu}_L+(1-\lambda)\hat{\tau}_H\hat{\mu}_H-a}{R[\lambda\hat{\tau}_L+(1-\lambda)\hat{\tau}_H]} \tag{5-3}$$

和

$$y_{1,L}=\frac{b(1-\lambda)\hat{\tau}_L\hat{\mu}_H(\hat{\mu}_L-\hat{\mu}_H)+\hat{\tau}_L}{\lambda\hat{\tau}_L+(1-\lambda)\hat{\tau}_H} \tag{5-4}$$

$$y_{1,H}=\frac{b\lambda\hat{\tau}_L\hat{\mu}_H(\hat{\mu}_H-\hat{\mu}_L)+\hat{\tau}_H}{\lambda\hat{\tau}_L+(1-\lambda)\hat{\tau}_H} \tag{5-5}$$

式(5-3)说明，在不存在卖空限制的条件下，风险资产均衡价格 $P_{1,m}$ 由两类投资者的加权平均信念 $\lambda\hat{\tau}_L\hat{\mu}_L+(1-\lambda)\hat{\tau}_H\hat{\mu}_H$ 所决定，而两类投资者的最优资产需求则由他们信念的异质程度($\hat{\mu}_H-\hat{\mu}_L$)决定。这一观点与 Kandel 和 Pearson (1995)的结论类似。如果存在卖空限制，那么 1 期的均衡应满足如下条件：

(a)如果 $\hat{\mu}_H-\hat{\mu}_L>\frac{a\hat{\sigma}_H^2}{1-\lambda}$成立，那么风险资产将由高精度投资者 H 所持有，低精度投资者 L 将卖出所有风险资产。此时的均衡价格为 $P_{1,H}=\frac{1}{R}\left(\hat{\mu}_H-\frac{a\hat{\sigma}_H^2}{1-\lambda}\right)$；

(b)如果 $\hat{\mu}_L-\hat{\mu}_H>\frac{a\hat{\sigma}_L^2}{1-\lambda}$成立，那么风险资产将由低精度投资者 L 所持有，

高精度投资者 H 将卖出所有风险资产。此时的均衡价格为 $P_{1,L}=\frac{1}{R}\left(\hat{\mu}_L-\frac{a\hat{\sigma}_L^2}{\lambda}\right)$；

(c)如果条件(a)和条件(b)都不成立，那么均衡仍将保持不存在卖空限制时的情况。其中条件(a)和条件(b)可以写成下列形式：

$$s_1>s_1^h\equiv\mu_x+\frac{a\hat{\tau}_L}{(1-\lambda)(\tau_H-\tau_L)\tau_x} \tag{a'}$$

$$s_1<s_1^l\equiv\mu_x-\frac{a\hat{\tau}_H}{\lambda(\tau_H-\tau_L)\tau_x} \tag{b'}$$

条件(a′)和条件(b′)说明，两个临界值 s_1^l 和 s_1^h 将实数轴分成 3 个部分：①当 $s<s^l$ 时，高精度投资者 τ_H 被挤出市场；②当 $s^l<s<s^h$ 时，没有投资者被挤出市场；③当 $s>s^h$ 时，低精度投资者 τ_L 被挤出。我们用图 5-1 直观地表示股价随信号 s 的变动趋势。

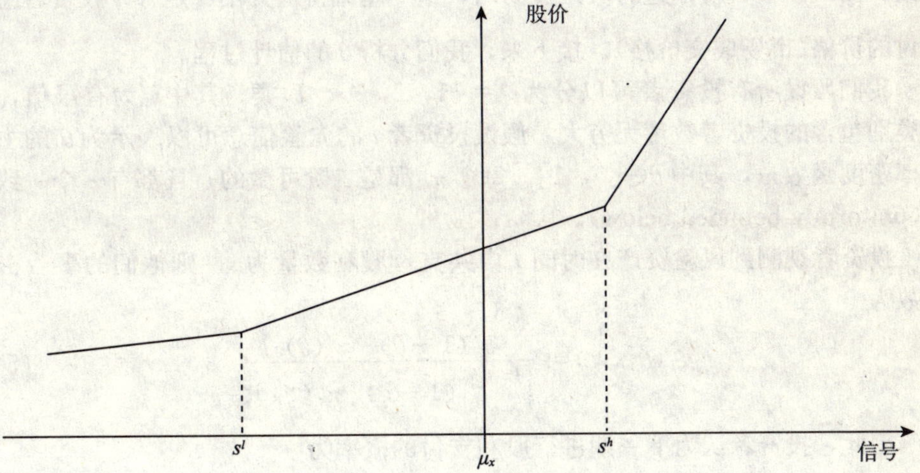

图 5-1　股价对信号反应的凸性特征

如图 5-1 所示，当投资者收到的信号足够好时，高精度投资者进入市场并挤出了低精度投资者；而当信号足够差时，低精度投资者进入市场并挤出高精度投资者。由于高精度投资者与低精度投资者相比对信息反应更充分，所以股价对好消息的反应程度要强于坏消息。当然，这一结论成立的必要条件是市场存在一定程度的卖空限制。

5.2.3　盈余公告后的股价漂移

Morris(1996)对投资者异质信念(或意见分歧)随时间变动的趋势及其股价效应进行了详细的研究，这一模型有助于我们解释盈余信息披露时投资者异质解释与盈余公告后股价漂移的关系。

Morris假设市场上存在一群风险中性的投资者，他们能够通过不断的学习了解风险资产的基础价值。在每一期，风险资产要么支付1美元的股利，要么什么都不支付(股利为0)。每期支付股利的概率为θ，股利过程满足独立同分布。所有投资者都知道以上信息，但是他们最初并不知道θ的真实值，也就是说，他们对θ存在意见分歧或异质信念。投资者根据历史上的股利支付情况对θ进行点估计，估计值为$\hat{\theta}$。在股利支付满足独立同分布的假设下，$\hat{\theta}$也表示未来任何一期的股利支付期望值。因此，如果我们设定无风险利率为r，那么风险中性投资者对风险资产的估值应等于$[1/(1+r)]\hat{\theta}+[1/(1+r)]^2\hat{\theta}+\cdots=\hat{\theta}/r$。在忽略$r$的情况下，我们将投资者对$\theta$的估计值$\hat{\theta}$作为投资者认为的风险资产的基础价值。需要注意的是，这一基础价值是投资者永久持有资产而不进行交易所愿意支付的价格，而当投资者可以进行资产交易时，这一基础价值并不一定等于投资者愿意支付的价格(市场成交价格)。接下来，我们分析$\hat{\theta}$的估计过程。

我们假设所有投资者可以分为$\wp=\{1, 2, \cdots, I\}$类，其中$\wp$为有限值，每个类别包含的投资者数量无穷大。假设投资者i的先验信念可以表示为θ的主观概率密度函数π_i，其中$\theta\in[0, 1]$。每个π_i都是二阶可微的，且都有一个一致下界(uniformly bounded below)。

投资者观测到风险资产在时间t内共支付股利数量为s。则他们的事后密度函数为

$$\xi_i(\theta|s,t)=\frac{\theta^s(1-\theta)^{t-s}\pi_i(\theta)}{\int_{\zeta=0}^{1}\zeta^s(1-\zeta)^{t-s}\pi_i(\zeta)\mathrm{d}\zeta} \tag{5-6}$$

因此，投资者认为下一期进行股利支付的概率为

$$\mu_i(s,t)=\int_{\theta=0}^{1}\theta\xi_i(\theta|s,t)\mathrm{d}\theta=\frac{\int_{\theta=0}^{1}\theta^{s+1}(1-\theta)^{t-s}\pi_i(\theta)\mathrm{d}\theta}{\int_{\theta=0}^{1}\theta^s(1-\theta)^{t-s}\pi_i(\theta)\mathrm{d}\theta} \tag{5-7}$$

根据以上分析，我们将$\mu_i(s, t)$作为投资者基于历史(s, t)得到的风险资产的基础价值。需要注意的是，在资产刚开始被交易时，所有投资者都无法得知该资产过去的股利支付情况，因此他们会形成无知先验(ignorance priors)。无知先验的乐观投资者并不意味着会一直保持乐观情绪。Morris(1996)举了一个直观的例子说明这一结论。

假设存在两个投资者，即投资者1和投资者2。投资者1认为$\theta=1/5$的概率为1/2，而$\theta=4/5$的概率为1/2；投资者2认为$\theta=1/5$的概率为1/2，而$\theta=3/5$的概率为1/2。因此，我们得到投资者1的先验随机占优于投资者2。然而，假设资产股利支付的历史为$(s, t)=(3, 6)$，即在过去6期内支付股利数量为3。在

这种情况下，投资者 1 认为 $\theta=4/5$ 的事后概率为$\frac{(1/2)^3\ (1/2)^3}{(1/2)^3\ (1/2)^3+(1/2)^3\ (1/2)^3}=\frac{1}{2}$，此时资产的基础价值为 $\mu_1(3,6)=(1/2)(4/5)+(1/2)(1/5)=1/2$；投资者 2 认为 $\theta=3/5$ 的事后概率为$\frac{(3/5)^3\ (2/5)^3}{(3/5)^3\ (2/5)^3+(1/5)^3\ (4/5)^3}=\frac{27}{35}$，此时投资者 2 认为资产的基础价值为 $\mu_2(3,6)=(27/35)(3/5)+(8/35)(1/5)=89/175>1/2$。可见，无知先验乐观的投资者并不一定会一直保持乐观情绪。基于以上分析，Morris 提出如下定理：

定理 5-1　对于所有的 $\theta_0\in[0,1]$并且 $i\in\wp$，随着 $t\to\infty$，$\mu_i(\theta_0 t,t)\to\theta_0$。

定理 5-1 说明，随着时间的推移，投资者的意见分歧或异质信念会逐渐收敛于可观测的股利支付频率值，即客观概率值 θ_0。这一结果反映了投资者不断学习的能力，通过对股利支付历史的学习，投资者的估值会逐渐接近于股票的基础价值。

令 $p(s,t,r)$为历史(s,t)和无风险利率 r 条件下风险资产用当前的价格，$\mu_*(s,t)$为历史(s,t)条件下所有投资者中最乐观投资者认为的基础价值，则在存在卖空限制的条件下，资产均衡价格满足：

$$p(s,t,r)=\frac{1}{1+r}\{\mu_*(s,t)[r+p(s+1,t+1,r)]+[1-\mu_*(s,t)]p(s,t+1,r)\} \tag{5-8}$$

式(5-8)的含义是，在历史(s,t)条件下，资产的均衡价格等于所有投资者中估价最高投资者的期望收益贴现值。也就是说，在存在卖空限制的条件下，资产的均衡价格由估价最高投资者的信念所决定。基于此，Morris(1996)提出如下定理：

定理 5-2　(ⅰ)如果投资者 k 永远是最乐观的投资者，那么对于任何股利支付历史而言，均衡价格 $p^*(s,t,r)=\mu_k(s,t)$；(ⅱ)如果不存在永远乐观的投资者，那么对于所有的股利支付历史和无风险利率 r 而言，我们有 $p^*(s,t,r)>\mu_i(s,t)$，$i\in\wp$；(ⅲ)随着 $t\to\infty$，则对于所有的 $\theta_0\in[0,1]$，无风险利率 r 和 $i\in\wp$，有 $p^*(\theta_0 t,t,r)\to\mu_i(\theta_0 t,t)\to\theta_0$；(ⅳ)随着 $r\to\infty$，对于所有的股利支付历史，有 $p^*(s,t,r)\to\mu_*(s,t)$。

定理 5-2 的(ⅲ)说明，随着时间的推移，投资者的学习过程将使股票价格逐渐向其基础价值回归。

在理论研究基础上，Garfinkel 和 Sokobin(2006)利用盈余公告期间的意外交易量(unexpected volume)作为异质解释代理变量，以 1980～1998 年纽约证券交易所和美国证券交易所(American Stock Exchange，AMEX)上市公司的 44 755 个盈余公告数据为样本，发现盈余公告后 60 天的累积超额收益率与盈余公告期间的意外交易量正相关，这一结论实际上支持了 Varian(1985)的观点，即认为投资者对盈余信息的异质解释是一种风险因素。Anderson 等(2007)在 Garfinkel 和 Sokobin(2006)的研究基础上对 2004～2005 年纳斯达克上市公司盈余公告样本进行了研究，并考虑了卖空限制的影响，发现卖空限制对拥有利空信息的公司有影响，在这种情况下卖空限制导致 1～3 个月的盈余漂移，从而支持了 Miller(1977)的观点。Chang 等(2009)以 1985～2007 年纽约证券交易所、美国证券交易所、纳斯达克三个交易所上市公司的 141 328 个季度报告为研究样本，对异质解释与盈余公告后股价收益对意外盈余的非对称反应进行了检验，发现在公告日后 60 个交易日内，随着投资者异质解释程度的增强，股票 60 天累积超额收益(cumulative abnormal return，CAR)对好消息的反应强度逐渐增强。在异质解释程度最高的股票组合中，累积超额收益对好消息的反应强度超过对坏消息的反应强度。

第6章 意见分歧与其他问题

除了上述研究问题之外，最新的研究开始将意见分歧引入公司金融领域，研究意见分歧对公司投融资决策的影响。此外，还有少量的研究将意见分歧与福利经济学结合起来，研究意见分歧对整个社会福利的影响。本章将对这些研究进行简要介绍。

6.1 意见分歧与上市公司投融资决策

已有的大多数文献都以投资者意见分歧对资产均衡价格的影响为研究对象。由于资产的均衡价格在社会资本配置过程中发挥着核心作用，因此作为市场重要参与者的上市公司的投融资决策也不可避免地受到资产价格的影响。本节将从这一角度，对投资者存在意见分歧条件下上市公司的投融资决策进行分析。

6.1.1 意见分歧与上市公司的投资决策

投资者之间的意见分歧会通过股价高估对上市公司的投融资决策产生负面影响，从而导致所谓的过度投资现象。互联网泡沫时期电信行业经历的投资繁荣就是一个很好的例子。除此之外，很多经验研究也给出了股票市场无效率影响公司投资者决策的例子，如 Morck 等(1990)、Panageas(2006)、Gilchrist 等(2005)以及 Polk 和 Sapienza(2009)等。尤其是 Gilchrist 等(2005)发现公司的投资水平随着分析师盈余预测标准差的提高而增加。由于分析师盈余预测标准差经常被用来衡量投资者之间的意见分歧，因此他们得出当投资者意见分歧引起公司股价高估时，上市公司倾向于利用相对廉价的资本进行过度投资。然而，Gilchrist 等(2005)的研究忽略了一个问题，即以公司股东利益最大化行事的经理人为什么会选择对股东长期利益有害的投资呢？回答这一问题的关键在于，对非有效市场环境下的股东价值和公司治理的深入理解。

Bolton 等(2005，2006)构建了理论模型来研究在投资者对公司基础价值具有意见分歧的投机环境下的最优高管薪酬，以及经理人面临卖空限制时的短视行为。根据之前提到的再售期权理论，这一市场环境下股票当前的市场价格由公司的基础价值和再售期权构成。也就是说，当前股东能够在未来将其股份以高于股票基础价值的价格出售给更乐观的投资者。这意味着当前股东可能会以长期利益为代价，通过采用短期策略提高公司股票的再售期权价值。因此，即使在不存在治理失败(governance failure)的情况下，当前的股东也会在选择最优薪酬合同时强调股价的短期表现，从而促使公司高管采用短期策略(如在泡沫时期的过度投资)以实现公司股价最大化而不是长期基础价值最大化。Bolton 等(2005，2006)的研究对于解释当前股东利用未来投资者错误定价方面具有重要的意义。

6.1.2 意见分歧与上市公司的融资决策

传统的资本结构理论假设所有投资者对股权价值都具有同质信念(如 MM 定理)，而后的权衡理论、代理成本理论、优序融资理论等主流资本结构理论仍然沿用同质信念假设。

Bigus(2003)研究了风险投资资本家和企业家的意见分歧，发现二者对信息和风险投资后果的方式并不相同，从而使二者表现出较高的意见分歧。与此同时，市场的不确定性使得代理人很难自律从而可能导致道德风险。当上述两种情况共同存在时，债券-股票的混合融资策略会优于单独采用某一种融资方式的融资策略。意见分歧程度越高，混合策略中包含的债权比例越大。在意见分歧过大的极端情况下，单纯的债务融资更为有效，而单纯的股权融资无论在何种情况下都不是最优的。Dittmar 和 Thakor(2007)则将意见分歧扩展到公司管理层与外部投资者之间，并提出了所谓的“管理层自主投资”理论，即当管理层认为投资者的项目预期回报与他们一致时，管理层会选择股权融资，反之，则会选择债权融资。此外，他们还发现在股权融资之后，公司的资本支出有显著的增加，而债权融资后的这一支出却没有显著变化，并且当投资者与管理层分歧最大时，公司的资本支出增幅也达到最大。除此之外，还有学者对意见分歧与债权融资期限的关系进行研究。例如，Landier 和 Thesmar(2009)构建了一个两期模型，发现乐观管理者会选择短期债权融资，而现实主义者会选择长期债权融资。

Bayer 等(2011)则考虑了投资者存在意见分歧条件下公司的融资结构决策的影响。在其模型中，Bayer 等假设持有公司部分股权的内部人决定公司的资本结构，从而为一项净现值为正的项目融资，其可选择的融资方式包括股权融资、债权融资或可转债融资。假设内部人的目标函数是在其关于公司未来前景的信念基础上最大化长期财富。与内部人相比，财富数额有限的市场参与者(外部投资者)

对公司的长期价值存在意见分歧。他们证明，在不存在证券发行成本和财务危机成本的情况下，外部投资者的平均信念及其分歧是公司融资选择的重要决定因素：当外部投资者信念与内部人相比较为乐观且分歧较大时，公司只会选择股权融资；而当外部投资者不那么乐观且分歧不大时，公司会选择同时进行股权和债权融资。在这种情况下，单独进行债权融资或单独进行可转债融资都不是最优的。而在存在证券发行成本和财务困境成本的情况下，公司在外部投资者较为乐观且分歧较大时依旧会选择只进行股权融资；在外部投资者信念悲观且分歧较小时，只选择发行债券；而当外部投资者的信念处于上述两种情况的极端时会选择发行可转债。Chemmanur 等(2010)以 1980～2004 年进行债权融资和股权融资的公司为样本，使用分析师预测标准差和异常换手率衡量投资者意见分歧，实证检验了投资者意见分歧和乐观程度对公司资本结构的影响，发现投资者意见分歧程度越高，公司越倾向于发行股票。分析师预测标准差每上升一个百分点，股权融资的概率就增加 6.5%；而异常换手率每上升一个百分点，股权融资概率则增加 20%。

6.2　意见分歧与社会福利

通过前面的分析，我们发现意见分歧会促使投资者彼此间进行投机交易，从而导致资本市场上充斥着过度交易、过度投资和过高杠杆的现象，这需要引起政策制定者的注意。然而，如果要讨论投资者意见分歧的政策含义，那么就有必要研究意见分歧条件下的社会福利问题。在讨论这一问题之前，我们需要进一步明确意见分歧(异质信念)与先验信念和信念扭曲在含义上的区别。首先，先验信念依赖于投资者的背景和经历，属于其偏好的一部分，因此我们很难将异质先验引起的投资行为看做过度投机。然而，大量经验研究显示，行为和心理偏差(如过度自信)会造成投资者信念扭曲，从而影响其投资决策。在投资者信念扭曲的情况下，政策制定者就有必要在经济不确定性的客观概率测度下评估投资者的福利损失问题了。然而，对于大多数现实问题而言，衡量经济不确定性的客观概率测度是不可观测的。在这种情况下，政策制定者究竟如何分析社会福利损失呢？这也是这类研究面临的最为重要的挑战。

Brunnermeier 等(2012)为分析投资者信念扭曲的理论研究建立了一个福利标准，其基本思想是假设客观概率测度介于投资者的信念之间，也就是说，客观概率测度既不是某个投资者的信念，也不是所有投资者信念的凸组合。在这种情况下，研究者只需要根据投资者信念凸组合张成的信念空间评估社会福利，由此形成的概率空间也足以涵盖该环境下所有合理的概率测度。即使客观概率测度位于这一空间之外，我们仍可以认为经济中的所有投资者都偏离了客观概率测度。

在此基础上，Brunnermeier 等(2012)建立了所谓的信念中性(belief-neutral)福利标准：如果社会配置 x 在任何合理概率测度(所有投资者信念的任意凸组合)上都是无效率的，那么它就是信念中性无效率的。

需要注意的是，信念中性福利标准下的福利排序是不完全的。尽管如此，信念中性福利标准仍然有助于解释投资者意见分歧条件下的负和博弈问题。例如，尽管意识到面临的是一个负和博弈，投资者仍然会参与其中，因为他们都期望能够以其他投资者的损失为代价赢得博弈。因此，信念中性福利标准实际上是将外部性的理念扩展到投资者信念扭曲的研究中。

我们用 Brunnermeier 等(2012)中的一个例子来说明信念中性福利标准的有效性，考虑一个只有两个投资者的简单经济，两个投资者分别用 A 和 B 来表示，并且假设经济是单期的。假设每个投资者的初始禀赋都是 1/2 美元且不存在禀赋风险，投资者只能从 0 期存活到 1 期。假设每个投资者只在 1 期消费，且具有严格凹的单调递增效用函数 $u(c_i)$。存在一个二值随机变量 f，其取值为 H 或 L。两个投资者对随机变量 f 具有意见分歧，并且 f 与初始禀赋相互独立。假设投资者 A 认为状态 H 的发生概率为 π^A，而投资者 B 认为状态 H 的发生概率为 π^B。两个投资者之间的意见分歧($\pi^A \neq \pi^B$)使得他们彼此间进行投机交易。假设投资者交易的资产在 f 取 H 的支付为 1，而在其他状态时的支付为 0。易证，两个投资者交易的资产数量为正，令 A 的资产交易量为 k^A，则 B 的交易量就为 $-k^A$，资产的交易价格为 p。k^A 和 p 的具体取值并不重要，重要的是，交易结果使得投资者的消费额并不等于其初始禀赋的确定值，而是随着不同的状态而不同。表 6-1 分别给出了未发生交易时两个投资者的消费配置和交易发生时市场均衡条件下的消费配置。

表 6-1 未发生交易时和市场均衡条件下的消费配置

投资者	未发生交易时		发生交易时的市场均衡	
	状态 H	状态 L	状态 H	状态 L
投资者 A	0.5	0.5	$0.5+k^A(1-p)$	$0.5-k^A p$
投资者 B	0.5	0.5	$0.5-k^A(1-p)$	$0.5+k^A p$

简化起见，假设政策制定者使用的是所谓的功利主义(utilitarian)社会福利函数，其表达式为所有投资者效用的等加权平均值：

$$W(u^A,\ u^B)=u^A+u^B$$

假设政策制定者使用投资者信念的凸组合来评估期望社会福利，其赋予投资者 A 信念的权重为 λ，而投资者 B 信念的权重为 $1-\lambda$。则状态 H 发生的概率为 $\pi=\lambda\pi^A+(1-\lambda)\pi^B$。此时，市场均衡条件下的期望社会福利为

$$\pi[u(0.5+k^A(1-p))+u(0.5-k^A(1-p))]+(1-\pi)[u(0.5-k^A p)+(0.5+k^A p)]$$

其中，第一个方括号表示的是状态 H 下的社会福利，而第二个方括号表示的是状态 L 下的社会福利。已知效用函数 $u(\cdot)$是严格凹的，则每个状态下的社会福利都小于 $2u(0.5)$，即社会福利水平小于交易未发生时的社会福利。也就是说，意见分歧市场均衡条件下的期望社会福利低于不存在意见分歧时的期望社会福利。在这个例子中，投资者的投机交易使他们的消费与初始禀赋相比更具波动性，并降低了他们期望效用的加总值。也就是说，从期望效用角度来看，经济中的投资者面临的是一个负和博弈。

类似地，Brunnermeier 等(2012)给出的信念中性社会福利标准也可以用来分析其他意见分歧模型的福利损失问题。例如，对于再售期权资产泡沫模型(Harrison and Kreps　1978；Scheinkman and Xiong　2003)而言，投资者是风险中性的并且其交易属于零和博弈。但在考虑交易成本后，投资者的交易就是负和博弈。而且投资者之所以进行投机并高估资产价格是因为他们相信在未来能够以更高的价格将资产出售给更加乐观的投资者。而在信用周期模型(Geanakoplos　2001，2010；Simsek　2010；He and Xiong　2012)中，过度乐观情绪使乐观投资者采用过高的杠杆从悲观投资者处融得资金进行投资，从而使其面临破产风险。现实世界中的破产成本使得这种杠杆周期表现为一种负和博弈。而在过度投资模型中(Bolton et al.　2006；Gilchrist et al.　2005；Panageas　2006)，资产价格中的泡沫成分使得参与者的投资规模最大化公司当前的市场价值，但却是以公司长期价值为代价的，而正是这种长期价值决定了风险中性参与者的社会福利。

下篇

中国经验篇

第7章

盈余公告的意见分歧收敛效应及其股价反应

信息在股价形成过程中发挥着重要作用，股价形成过程本身就是投资者在信息冲击下不断进行信息更新和信念修正的过程。作为资本市场重要信息载体的盈余公告由于与股票未来收益高度相关，一直以来就是投资者进行信念修正的重要依据。Brown 和 Han(1992)认为，盈余信息有用性的一个重要体现就在于其能够降低(或收敛)投资者之间的意见分歧。那么，盈余公告对投资者意见分歧的这种影响是否具有定价含义呢？已有的资产定价理论对此还存在较大争议。传统的资产定价理论认为，尽管投资者的意见分歧能够导致交易行为的产生，但是这些交易行为是特异性的，彼此抵消，并不会对股票的预期收益产生影响(Hong and Stein 2007)。

近年来兴起的意见分歧资产定价理论对上述观点提出了质疑，该理论将意见分歧与卖空限制联系起来，认为只要投资者对未来股票收益存在意见分歧并且卖空限制使得悲观投资者无法持有足够的卖空头寸，那么股票将更多地被乐观投资者持有，从而使当前股价因为体现乐观性偏差而被高估。随着时间的推移，投资者的意见分歧逐渐收敛，乐观投资者会卖出持有的股票，高估的股价将逐渐向其基础价值回归。基于此，意见分歧资产定价理论预测：投资者意见分歧与当前股票收益正相关，而与未来股票收益负相关(Miller 1977；Scheinkman and Xiong 2003)。应用上述理论，Berkman 等(2009)以美国股市盈余公告为研究对象，发现公告前投资者的意见分歧与公告日附近股票超额收益负相关，他们认为盈余公告会降低公告前投资者的意见分歧，从而使公告前因为卖空限制和意见分歧而被高估的股票价格在公告日附近向其基础价值回归。

Berkman 等(2009)的研究结论是否也适用于我国 A 股市场呢？与国外成熟股票市场相比，A 股市场具有新兴加转轨的特征：一方面，A 股市场中个人投资者比重较高，一个基本判断是 A 股市场的投资者意见分歧会更为严重(陈国进和王景 2007）。加之A股市场一直以来实行较为严格的卖空限制[①]，因此A股市场与国外成熟股票市场相比更加符合意见分歧资产定价理论的基本假设。另一方面，与国外成熟股票市场相比，A股市场的信息披露制度还不完善，盈余信息质量不高和信息提前泄露现象较为严重。在这种情况下，盈余公告对投资者意见分歧的作用方式可能有别于国外成熟市场，由此引起的股价变动也会与国外成熟市场有所差异。

7.1 理论分析与研究假说

与国外成熟股票市场相比，A股市场中个人投资者比重较高，一个基本判断是A股市场投资者的意见分歧更加严重。更为重要的是，A股市场在样本期内一直实行严格的卖空限制。基于意见分歧资产定价理论，卖空限制和意见分歧的存在会使股票更多地被乐观投资者所持有，使得悲观投资者的信念无法体现在股价中，导致A股市场股价因体现乐观性偏差而被高估。意见分歧程度越高，股价被高估的幅度就越大，国内已有研究已经为上述观点提供了经验证据（陈国进等 2009；孟卫东等 2010）。对于盈余公告而言，由于盈余信息是投资者预测股票未来收益的重要依据，因此盈余公告的披露有助于投资者提高股票未来收益预测的准确程度，从而降低投资者之间的意见分歧。从平均来看，公告前持乐观态度的投资者会对盈余信息的内容感到失望，从而卖出公告前持有的股票，导致股价在盈余公告披露时向其基础价值回归。公告前投资者的意见分歧程度越高，盈余公告对意见分歧的收敛程度就越大，股价在公告期间向其基础价值调整的幅度也就越大。基于此，我们提出如下待检验假设。

假设7-1：年报公告前意见分歧较高的股票与意见分歧较低的股票相比，在公告日附近获得较低的收益。公告前投资者的意见分歧程度与公告日附近的股票超额收益负相关。

在一个信息披露制度完善的市场中，投资者只有在信息正式披露日才能获得盈余公告的内容。因此，盈余公告引起的意见分歧收敛效应只有在公告披露时才会出现。相应地，投资者意见分歧下降引起的股价变动应该在公告日当天才开始显现。而对于我国新兴加转轨的股票市场而言，信息披露制度尚未完善，市场上充斥着大量的股价操纵和内幕交易行为，从而导致盈余信息被提前泄露。大量存在的信息提前泄露现象会使知情投资者先于市场上其他投资者得知盈余公告内容，从而提前做出反应。如果知情投资者数量足够多或交易额足够大，那么他们对盈余信息泄露的提前反应必然会影响到盈余公告意见分歧收敛效应引起的股价

① 本章研究采用的样本期为1998～2008年，A股市场在这一期间内实行严格的卖空限制。

反应开始显现的时间。对于信息提前泄露而言，这种股价反应应该在正式公告日之前就开始显现为此。基于此，我们提出如下待检验假设。

假设 7-2：投资者意见分歧降低(或收敛)引起的股价反应在正式公告日之前就开始显现。

7.2　样本选择与变量

7.2.1　样本选择

我们以沪深两市(分别指上海股市和深圳股市)上市公司 1998～2008 年披露的年报为研究样本。在具体的样本选择过程中，我们遵循以下原则：剔除金融保险类公司样本；剔除非正常交易(ST 或 PT)的公司样本；剔除年报披露超期的公司样本[①]；剔除在公告日附近 3 个交易日中([－1，0，1])任何一个交易日股票收益数据缺失的样本。经过以上筛选，我们最终得到 9545 个年报样本。我们使用的全部股票交易数据和财务数据均来自于 RESSET 金融研究数据库。

7.2.2　研究变量构建

1. 投资者意见分歧指标

我们借鉴 Boehme 等(2006)的研究，采用股票日均换手率作为公告前投资者意见分歧的衡量指标(DIFOPN)，具体的计算方法为公告前第 200 个交易日至公告前第 11 个交易日([－200，－11])股票日换手率的算术平均值[②]。该指标越大，说明公告前投资者之间的意见分歧程度越高。此外，我们还构建意见分歧变动指标(ΔDIFOPN)，并以此来衡量投资者意见分歧在公告日前后的变动幅度，其计算方法为盈余公告后 30 个交易日([10，40])股票日均换手率与公告前 190 个交易日([－200，－11])股票日均换手率的差值。该指标越小，说明盈余公告期间投资者意见分歧下降的幅度越大，其意见分歧收敛效应越明显。

2. 股价效应指标

我们定义盈余公告股价效应指标(EXRET)为公告日附近 3 个交易日([－1，0，1])经过市场调整的持有到期收益率(BHAR)，具体计算方法为

$$\text{EXRET}_{i,t} = \text{BHR}_{i,t} - \text{BHR}_{m,t} = \prod_{d=-1}^{1}(1+R_{i,d}) - \prod_{d=-1}^{1}(1+R_{m,d})$$

---

① 交易所规定上市公司年报的公布日期最迟不得超过第二年的 4 月 30 日。

② 我们借鉴 Chang 等(2009)的方法，选择相邻年报之间的间隔期作为意见分歧指标的估计期，而我国上市公司相邻年报之间的间隔期平均约为 200 个交易日。

其中，$BHR_{i,t}$表示股票 i 在会计年度 t 的持有到期收益率；$BHR_{m,t}$表示流通市值加权的市场组合在会计年度 t 的持有到期收益率；$R_{i,d}$表示股票 i 在第 d 日的收益率；$R_{m,d}$表示流通市值加权的市场组合在第 d 日的收益率。

3. 控制变量

借鉴已有研究，我们分别使用股票流通股市值[Ln(SIZE)]和市/账比的自然对数[Ln(MB)]控制上市公司规模差异、价值股与热门股差异对公告日期间股价反应的影响。其中，流通股市值定义为报告期期初股票价格与流通股数的乘积；而市/账比则定义为上一个报告期期末股票收盘价与每股净资产之比，我们将市/账比大于 100 或小于 0.01 的样本设为缺失值。我们使用公告前 60 个交易日经过市场收益调整的持有到期收益率作为股票动量效应指标(MOM)，用其控制动量效应对公告日期间股价反应的影响。我们还通过计算意外盈余指标(SUE)来控制盈余公告效应对公告日期间股价反应的影响。借鉴张华和张俊喜(2004)，意外盈余指标的计算方法如下①：

$$SUE_{i,t}=\frac{EPS_{i,t}-EPS_{i,t-1}}{|EPS_{i,t-1}|}\times 100\%$$

其中，$EPS_{i,t}$表示股票 i 在会计年度 t 的每股收益。

Johnson(2004)实证发现，意见分歧与股票收益之间的负相关关系随着公司财务杠杆的降低而逐渐减弱，意见分歧不能解释零杠杆上市公司的股票收益。为了验证 Johnson(2004)的结论在 A 股市场是否成立，我们将上一报告期期末总负债与总资产的比值作为上市公司杠杆率指标(LEV)，并将杠杆率小于 0 或大于 1 的样本设为缺失值。

另外，使用换手率指标衡量投资者意见分歧可能受到股票流动性的干扰，因为很多实证研究都使用这一指标衡量股票的流动性。因此，我们借鉴 Amihud (2002)的研究，计算公告前第 200 个交易日至公告前第 11 个交易日([−200, −11])的个股非流动性指标(ILLIQ)来控制股票流动性因素的影响，具体计算方法如下：

$$ILLIQ_{i,t} = (1/D_{i,t})\sum_{i=1}^{D_{i,t}} |R_{i,t,d}/DVOL_{i,t,d}|\times 10^{12}$$

其中，$R_{i,t,d}$和 $DVOL_{i,t,d}$分别表示股票 i 在时期 t 的第 d 个交易日的收益率和交易量(以元为单位)；$D_{i,t}$表示股票 i 在时期 t 的有效交易天数。需要指出的是，非流动性指标度量的是股票的非流动性水平，该指标越大，说明流动性越差。

---

① 关于意外盈余的度量方法，理论界尚存在争议，本章研究采用的方法实际上是假设预期盈余满足随机游走模型。Foster 等(1984)比较了不同的意外盈余度量方法后，发现基于随机游走模型度量意外盈余的方法并不逊于其他更加复杂的方法。

除了上述因素之外，我们还考虑了机构持股和行业集中程度对检验结果的影响。由于我国上市公司特殊的股权结构，我们选择机构持有的可流通A股股数占可流通A股总股数的比例作为机构持股指标(INSOWN)。另外，我们借鉴Hou(2007)的研究，计算上市公司总资产的行业赫芬达尔指数(HERFIN)衡量样本股票所在行业的集中程度。

所有变量中包含的极端值可能对检验结果产生负面影响。经验文献控制极端值的做法包括将变量分布两侧1%的观测截除和对变量分布两侧1%的观测进行winsorize处理。本章研究涉及变量较多，若将各关键变量前后1%观测值截除，恐怕会损失过多的样本，从而降低检验结果的准确性。因此，我们主要采用winsorize方法，对变量极端值进行处理。

7.2.3　描述性统计

表7-1给出了主要变量的描述性统计，结果显示，股价效应指标均值为负(−0.45%)，中位数也为负(−0.72%)，这与Berkman等(2009)以美国股票市场为对象、采用类似方法的计算结果相矛盾①。之所以会产生这样的差异，可能是因为与美国股市相比，意见分歧和卖空限制对A股市场的影响更为强烈，从而导致样本股票的平均超额收益率为负值。

表7-1　变量描述性统计

变量	N	均值	最小值	Q1	中位数	Q3	最大值
EXRET	9545	−0.45	−13.10	−3.44	−0.72	2.13	15.69
DIFOPN	9545	0.91	0.07	0.29	0.59	1.35	3.79
ΔDIFOPN	9530	0.43	−8.19	−0.10	0.12	0.77	11.00
Ln(MB)	8219	1.17	−0.16	0.70	1.14	1.60	2.82
Ln(SIZE)	9545	7.00	5.11	6.26	6.84	7.57	10.53
MOM	9545	3.57	−37.00	−8.32	0.06	11.20	87.01
SUE	9469	−0.00	−0.66	−0.01	−0.00	0.01	0.76
LEV	8637	0.39	0.03	0.26	0.39	0.51	0.79
ILLIQ	9545	1.14	0.001	0.15	0.53	1.39	68.00
INSOWN	6159	0.12	0	0.01	0.07	0.18	0.51
HERFIN	9545	0.13	0.02	0.04	0.08	0.16	0.84

① Miller(1977)预测，如果盈余公告能够降低投资者的意见分歧，那么公告期间会出现显著为负的超额收益，尤其是那些意见分歧程度较高的股票。Berkman等(2009)采用与本章类似的研究方法，发现美国市场上的股票在公告日附近3个交易日持有到期超额收益率的均值为正，他们将其归结为意见分歧以外其他因素作用的结果。

此外，相关性分析显示①，股价效应指标与意见分歧指标的相关系数为负，且在1%水平下显著，这一结果符合我们的预期。意见分歧指标与公司规模指标的相关系数显著为负，这与 Diether 等(2002)的检验结果相一致，说明投资者对小公司更容易产生意见分歧。此外，我们还发现意见分歧指标与杠杆比率和动量指标相关系数显著为正，说明投资者对杠杆比率较高和公告前股价上涨幅度较大的股票更容易产生意见分歧。

7.3 实证结果及分析

7.3.1 意见分歧收敛与盈余公告期间的股价反应

为了直观地反映盈余公告意见分歧收敛效应对公告日期间股票收益的影响，我们在每个会计年度将样本股票按照公告前意见分歧程度由低到高的顺序构造5个意见分歧组合，分别计算每个组合的等加权平均收益作为该组合在当前会计年度的组合收益。然后，取每个组合收益在11个会计年度的加权平均收益作为该组合在样本期的收益，权重为每个会计年度样本股票的数量，这种加权方法能够较好地体现不同年度样本股票数量差异。表7-2给出了不同意见分歧组合的超额收益和显著性水平。我们看到5个意见分歧组合的超额收益全部为负值，随着意见分歧程度的提高，公告期间的超额收益逐渐降低(绝对值增大)。其中，意见分歧最低组的超额收益为−0.15%，但在10%水平下并不显著；而意见分歧最高组的超额收益为−0.83%，且在1%水平下显著。两者的超额收益差值为−0.68%，且在5%水平下显著。然而，表7-2的分析结果实际上反映的是意见分歧组合收益的年度平均情况，其结论可能受到个别年度极端值的影响。图7-1给出了意见分歧最高组合与最低组合超额收益差的年度分布情况，我们看到在11个会计年度中，有8个会计年度的意见分歧组合超额收益差为负值，说明表7-2的分析结果在大多数会计年度都成立。

表7-2 意见分歧组合的超额收益(单位：%)

意见分歧5分位数	意见分歧组合超额收益
1(低)	−0.15
2	−0.25
3	−0.46**
4	−0.55***

① 限于篇幅，我们直接给出了相关性分析的结论。

续表

意见分歧 5 分位数	意见分歧组合超额收益
5(高)	−0.83***
高−低	−0.68**

* 表示在 10%水平下显著；** 表示在 5%水平下显著；*** 表示在 1%水平下显著

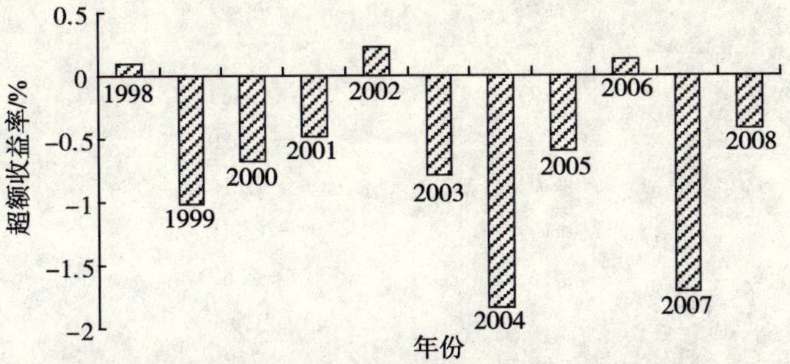

图 7-1　高、低意见分歧组合超额收益差的年度分布

上述分析说明，公告日附近的股票超额收益随着意见分歧程度的升高而逐渐降低，这一结果支持假设 7-1，表明年报披露降低了公告前投资者之间的存在意见分歧，导致公告前因意见分歧和卖空限制而被高估的股票在公告日附近向其基础价值回归，公告前投资者意见分歧程度越高，股票在公告日附近向其基础价值回归的幅度越大。

接下来，我们引入控制变量并通过回归分析方法对表 7-2 的分组结果进行进一步检验，回归方程构建如下：

$$\begin{aligned}\text{EXRET}_{i,t}=&\alpha+\beta_1\text{Ln}(\text{SIZE})_{i,t}+\beta_2\text{Ln}(\text{MB})_{i,t}+\beta_3\text{MOM}_{i,t}\\&+\beta_4\text{SUE}_{i,t-1}+\beta_5\text{DIFOPN}_{i,t}+\varepsilon_{i,t}\end{aligned}\quad(7\text{-}1)$$

其中，下角标 i 表示第 i 只股票；t 表示会计年度。借鉴 Berkman 等(2009)的方法，我们先分别对每个会计年度的样本股票进行横截面回归，然后将所有会计年度横截面回归系数和 t 统计量的加权平均值作为最终的回归系数和 t 统计量，权重为每个会计年度的样本股票数量。这种回归方法的好处是能够尽可能多地保留样本，并且避免制度变迁因素对回归结果的影响。表 7-3 中的 1 和 2 分别给出了引入意见分歧指标前后的回归分析结果。

表 7-3　回归分析结果

模型变量	1	2	3
C	−1.35	−0.66	−1.37
	(−1.35)	(−0.64)	(−1.54)

续表

模型变量	1	2	3
Ln(SIZE)	0.13	0.10	0.16
	(1.03)	(0.71)	(1.36)
Ln(MB)	0.01	0.03	0.02
	(0.07)	(0.40)	(0.21)
MOM	0.02**	0.02**	0.02**
	(2.42)	(2.46)	(2.46)
SUE_{t-1}	−0.08	−0.20	−1.91
	(−0.04)	(−0.10)	(0.53)
DIFOPN		−0.54**	−0.36
		(−2.62)	(−1.81)
ΔDIFOPN			0.46***
			(3.59)
调整后的 R^2 均值	0.0109	0.0136	0.0200
平均观测数	867	867	773

* 表示在 10%水平下显著；** 表示在 5%水平下显著；*** 表示在 1%水平下显著

注：括号内为 t 统计量

结果显示，引入意见分歧指标后，回归方程调整后的 R^2 显著上升，说明意见分歧指标的引入提高了回归方程的拟合效果。意见分歧指标的回归系数为−0.54，且在 5%水平下显著，说明在引入控制变量后，公告日期间股票的超额收益与公告前投资者意见分歧呈负相关关系。这与表 7-2 的分组结果一致，并支持了假设 7-1 的结论。

下面，我们使用意见分歧变动指标从另一个角度为假设 7-1 提供经验证据。我们在方程(7-1)的基础上引入意见分歧变动指标(ΔDIFOPN)，构造回归方程如下：

$$\begin{aligned}\mathrm{EXRET}_{i,t}=&\alpha+\beta_1\mathrm{Ln(SIZE)}_{i,t}+\beta_2\mathrm{Ln(MB)}_{i,t}+\beta_3\mathrm{MOM}_{i,t}+\beta_4\mathrm{SUE}_{i,t-1}\\&+\beta_5\mathrm{DIFOPN}_{i,t}+\beta_6\Delta\mathrm{DIFOPN}_{i,t}+\varepsilon_{i,t}\end{aligned}\tag{7-2}$$

表 7-3 中的 3 给出了引入意见分歧变动指标后的回归结果。我们发现，意见分歧指标的回归系数变为−0.36，在 10%水平下不再显著，这可能是意见分歧变动指标与意见分歧指标较强的相关性所致。意见分歧变动指标的回归系数为 0.46，且在 1%水平下显著，说明年报的意见分歧收敛程度越明显，股价在公告期间向其基础价值回归的幅度就越大，股票获得的超额收益也就越低，这也从另一个角度证明了假设 7-1 的结论。

7.3.2 信息提前泄露的影响

为了验证假设 7-2，我们计算意见分歧最高组合和最低组合从公告日前第 10

个交易日到公告日后第 10 个交易日(共 21 个交易日)累积持有到期超额收益的差值，并以此来确定上述股价效应开始显现的时间点[①]。之所以采用这种方法，是因为已有研究显示，公告前市场上普遍存在针对盈余信息内容的投机交易，投机交易会使意见分歧程度较高的股票在公告日之前出现加速高估的趋势，而盈余公告披露会使这种趋势发生逆转(Kim and Verrecchia　1991；He and Wang　1995；Berkman et al.　2009)，因此我们可以根据趋势逆转发生的时间来确定投资者从何时起开始获悉盈余信息的内容。

图 7-2 的计算结果显示，意见分歧最高组合与最低组合累积持有到期超额收益差从公告前第 9 个交易日开始逐渐扩大，并在公告前第 4 个交易日达到峰值，说明这一期间投资者的投机行为导致意见分歧较高的股票与意见分歧较低的股票相比出现加速高估。这是因为在卖空限制条件下，投资者只能通过买入股票获利，公告前投资者投机行为的最终结果是，股票被乐观投资者持有。投机行为会一直持续到盈余信息披露为止，在此之前，意见分歧较高的股票会一直保持加速高估的态势。从公告前第 3 个交易日开始，累积持有到期超额收益差值出现逆转，并一直持续到公告后第 1 个交易日，这一结果与 Berkman 等(2009)以美国股票市场为对象的研究结论相矛盾[②]。这是因为与国外成熟股票市场相比，我国 A 股市场存在较为严重的盈余信息提前泄露现象。从平均来看，知情投资者在公告前第 3 个交易日先于市场上其他投资者获悉年报内容并做出反应。其中，公告前知情的乐观投资者先于不知情的乐观投资者获悉年报内容，他们会提前卖出持有的股票，导致高估的股票在正式公告日之前就出现向基础价值调整的趋势。意见分歧程度较高的股票向基础价值调整的幅度明显高于意见分歧程度较低的股票，从而导致两者的差值出现逆转。

7.3.3　稳健性分析[③]

1. 股价效应衡量指标的稳健性分析

首先，我们考虑不同股价效应衡量指标对检验结果的影响。前文使用持有到期超额收益(BHAR)作为股价效应衡量指标，而已有研究常采用累积超额收益率

---

① 具体计算方法为，在每个会计年度将样本股票按照意见分歧程度由低到高的顺序构造 5 个意见分歧组合。对于每个意见分歧组合，我们逐日计算组合中股票从公告前第 10 个交易日至公告后第 10 个交易日的累积持有到期超额收益率，将每个意见分歧组合中股票收益的算术平均值作为该组合在该会计年度的收益。然后再逐日计算 11 个会计年度意见分歧最高组合与最低组合加权平均收益的差值，权重为每个会计年度样本股票的数量。

② Berkman 等(2009)以美国股票市场为研究对象，发现意见分歧组合的累积超额收益差值随着公告日的临近而逐渐扩大，到公告前第 1 个交易日达到峰值，并在公告日当天转为负值。

③ 限于篇幅，稳健性分析均未报告详细的实证结果，相关表格留存备索。

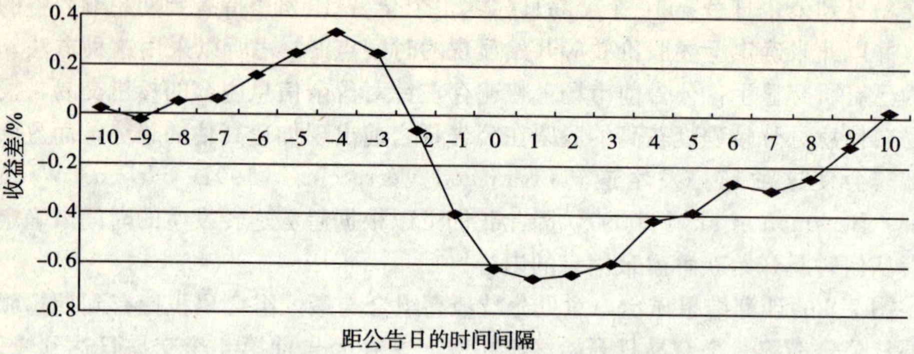

图 7-2 高、低意见分歧组合累积连续持有收益差(起始日为－10)

指标(CAR)衡量盈余公告的股价效应。因此，我们用 CAR 指标替换 BHAR 指标，并对前文结论进行重新检验。结果显示，选取不同的股价效应衡量指标并不会对前文结论的稳健性产生影响。

2. 事件研究窗口的稳健性分析

接下来，我们考察事件研究窗口对检验结果的影响。对于事件研究而言，事件期的设定会对检验结果产生重要的影响。为此，我们分别将事件期设定为[－2，2]，[－3，3]，[－4，4]和[－5，5]，并对上述结果进行重新检验。稳健性分析结果显示，前文结论在事件期为[－2，2]和[－3，3]时仍然成立，但在更长的事件期([－4，4]和[－5，5])上不再显著。这一结果与图 7-2 相吻合，因为图 7-2 显示从平均来看，年报信息泄露开始于公告前的第 3 个交易日。

另外，我们还考察了意见分歧指标估计期对检验结果的影响。我们将意见分歧指标估计期分别设定为公告前 120 个交易日、90 个交易日、60 个交易日和 30 个交易日，并结合不同事件期设定进行稳健性分析。结果显示，前文结论只在公告前 120 个交易日的估计期上显著成立，说明只有在较长估计期上计算的日均换手率才能较好地度量投资者的意见分歧程度。

3. 不同意见分歧衡量指标的稳健性分析

意见分歧资产定价经验研究的难点在于找到合适的意见分歧衡量指标。除了换手率指标外，Berkman 等(2009)还使用分析师预测标准差、超额收益波动率、公司存续时间和历史盈余波动率衡量投资者意见分歧。在上述指标中，分析师预测数据的独立性往往受到质疑，加之我国的分析师数据有限(陈国进等 2008)，导致这一指标难以准确衡量 A 股市场投资者的意见分歧；而公司存续时间指标则缺乏足够的变异性，无法反映投资者意见分歧的动态特征[①]；历史盈余波动率指标需要计算多个报告期公司盈余的标准差，因此已有研究大都使用季报数据计算这一指标。由于本章研究以年报为研究样本，所以历史盈余波动率并不适用本章的研究。综上所述，我们只采用超额收益波动率衡量投资者意见分歧，对前文结论进行稳健性分析。具体的指标构建方法为公告前第 200 个交易日至公告前第 11 个交易日([－200，－11])股票超额收益的标准差。我们发现，采用超额收益波动率衡量投资者意见分歧得到的分析结果与采用换手率指标衡量意见分歧时的结果基本一致。

4. 其他影响因素的稳健性分析

我们还检验了流动性因素和杠杆因素对检验结果的影响。我们在回归方程(7-1)的基础上引入 Amihud(2002)的非流动性指标(ILLIQ)、杠杆率指标(LEV)和杠杆率与意见分歧变量的交叉项指标(LEV・DIFOPN)，并分别进行回归分析。结果显示，意见分歧指标的系数仍然显著为负，说明流动性因素、杠杆因素并不影响前文结论的稳健性。

7.4 进一步扩展

前文研究表明，年报披露降低了 A 股市场投资者的意见分歧，导致公告前因为意见分歧和卖空限制而被高估的股价在公告披露时向其基础价值回归。接下来，我们将采用分组回归的方法对前文研究进行扩展，比较前文结论在具有不同机构持股比率和行业集中程度股票上的差异。具体的方法是分别按照上述两个指标由低到高的顺序将每个会计年度的样本股票分为 3 组，按照方程(7-1)分别对这 3 组股票进行横截面回归分析，并计算 11 个会计年度回归系数的加权平均值和 t 统计量，权重为每个会计年度样本股票的数量。最终的回归分析结果如表7-4所示。

表 7-4　考虑机构持股和行业集中度的分析结果

变量	机构持股比例(INSOWN)			行业集中度(HERFIN)		
	低	中	高	低	中	高
C	－1.32	－2.72	1.88	－3.22**	－0.06	－0.14
	(－0.95)	(－1.67)	(1.82)	(－2.70)	(－0.04)	(－0.09)
Ln(SIZE)	0.23	0.30*	－0.14	0.42**	0.05	0.05
	(0.92)	(1.90)	(－1.01)	(2.53)	(0.25)	(0.24)

① Scheinkman 和 Xiong(2003)认为，投资者意见分歧呈现动态变化特征。而公司存续时间指标却呈现规则的变异，即每个会计年度都比上个会计年度增加 1 年，这会导致股票的意见分歧排序在所有会计年度都相同，而这显然无法体现投资者意见分歧变动的动态特征。

续表

变量	机构持股比例(INSOWN)			行业集中度(HERFIN)		
	低	中	高	低	中	高
Ln(MB)	−0.28	0.62*	−0.28	0.53***	−0.36	0.06
	(−1.45)	(1.94)	(−1.34)	(5.51)	(−1.66)	(0.41)
MOM	0.02*	0.03***	0.02*	0.02**	0.02*	0.02
	(1.90)	(3.87)	(2.02)	(2.45)	(1.96)	(1.77)
SUE_{t-1}	0.92	−13.35	−3.38	−3.99	1.57	0.76
	(0.27)	(−1.58)	(−0.48)	(−1.09)	(0.80)	(0.21)
DIFOPN	−0.14	−0.61*	−1.38***	−0.29	−0.84**	−0.95**
	(−0.25)	(−1.98)	(−3.76)	(−0.50)	(−2.35)	(−2.53)
调整后的 R^2 均值	0.0178	0.0174	0.0179	0.0160	0.0187	0.0099
平均观测数	223	224	219	245	237	238

* 表示在 10%水平下显著；** 表示在 5%水平下显著；*** 表示在 1%水平下显著

注：括号内为 t 统计量

我们发现，公告前投资者意见分歧与公告日附近股票超额收益的负相关关系随着机构持股比例的提高而逐渐增强。在机构持股比例最低的组中，意见分歧指标的回归系数为−0.14，并且在 10%水平下不显著。而机构持股比例最高的组中，意见分歧指标的回归系数为−1.38，并且在 1%水平下显著。中等机构持股比例组的意见分歧指标回归系数和显著性水平介于机构持股比例最高和最低组之间。这与 Berkman 等(2009)的研究结果相矛盾，他们发现，美国市场公告前意见分歧与公告日附近股票超额收益的负相关关系随着机构持股比例的提高而逐渐减弱。矛盾产生的原因主要包括以下三个方面：首先，Berkman 等(2009)使用机构持股比例衡量个股受到的卖空限制，发现公告前意见分歧与公告日附近股票超额收益的负相关关系随着股票受到卖空限制的提高而逐渐增强。而 A 股市场在样本期内一直实行严格的卖空限制，所有股票受到的卖空限制都是无穷大，因此机构持股比例并不反映卖空限制程度。其次，机构持股比例较高的股票受到较多的市场关注度，因此这类股票的信息披露更加充分，有助于投资者更好地解读盈余信息，提高投资者信念修正的准确程度，使得股价在公告日附近向其基础价值的调整更为充分。最后，较高的机构持股比例说明对股票持乐观态度的大都是机构投资者。与个人投资者相比，机构投资者在解读盈余信息方面具有明显的优势，信念修正也更加充分。相应的，年报对机构投资者的意见分歧收敛程度要强于个人投资者，导致投资者意见分歧与公告日附近股票超额收益的负相关关系随着机构持股比例的提高而逐渐增强。

此外，我们还发现意见分歧与公告日附近股票超额收益的负相关程度随着行业集中程度的提高逐渐增强。已有的行为金融理论很好地阐述了行业因素对股票收益的影响。Daniel 等(1998)认为，投资者更容易对新兴行业和变动较大行业产生过度自信(overconfidence)和自我归因(self-attribution)偏差。而 Barberis 等(1998)则认为，投资者对新兴行业和变动较大行业表现出较高的保守性(conservatism)偏差。上述心理偏差会使投资者在面对新信息时不能进行充分的信念修正，从而导致股票价格对新信息表现出反应不足(under-reaction)的特征。对于本章研究而言，集中程度较高的行业往往是那些成熟行业或夕阳行业，这类行业市场份额构成比较稳定，在未来出现巨大变动的可能性较低。与其他行业相比，投资者对这类行业股票盈余信息的解读较少受到心理偏差的影响。在这种情况下，年报的意见分歧收敛程度更加明显，导致这类股票在公告日附近向其基础价值回归的幅度更大。

7.5　结　论

作为上市公司重要的信息披露，盈余公告会降低投资者之间的意见分歧。基于意见分歧资产定价理论，意见分歧的下降会使公告前因投资者意见分歧和卖空限制而被高估的股票在公告期间向其基础价值回归。本章以 A 股市场上市公司定期披露的年度财务报告为研究对象，从投资者意见分歧的角度对公告期间的股价反应进行研究，发现公告前意见分歧较高的股票与意见分歧较低的股票相比在公告日附近获得较低的收益，公告前投资者的意见分歧与公告日附近股票的超额收益负相关；A 股市场的盈余信息提前泄露现象导致年报披露的上述股价效应在正式公告日之前就开始显现。分组回归分析显示，公告前投资者意见分歧与公告日附近股票超额收益的负相关关系随着机构持股比例和行业集中度水平的提高而逐渐增强。

本章研究为我们深入理解盈余信息有用性及其股价效应提供了一个全新的思路。尽管如此，本章的研究仍存在诸多不足：首先，采用的换手率指标只能衡量部分投资者的意见分歧，而无法反映所有潜在投资者的意见分歧，同样的问题也存在于其他基于公开数据构建的意见分歧指标中(Garfinkel　2009)[①]。因此，基于可获得数据创造性地构建更为精确的投资者意见分歧衡量指标是我们今后努力的方向。另外，从 2010 年 4 月开始，A 股市场开始引入融资融券交易，允许有资质的投资者对部分股票从事卖空交易。融资融券交易引入从根本上改变了 A 股市场的交易制度，如何衡量融资融券交易引入对本章研究结论的影响，也是我们今后的努力方向。

① Garfinkel(2009)对现有意见分歧指标的局限性进行了评述，认为换手率指标和波动率指标只能反映最终达成交易的投资者的意见分歧程度。

第 8 章

异质解释与盈余公告期间的股价反应

第 7 章的研究结论说明，盈余公告披露会降低投资者在公告前存在的意见分歧，从而导致公告前因卖空限制和意见分歧而被高估的股票在公告期间向其基础价值回归。当投资者采用同样的方式解读盈余信息时，这一结论显然成立。但当投资者从相同的盈余信息中得到不同的结论时，上述研究结论就不那么稳固了。实际上，理论研究(Kothari　2001)认为，即使是面对相同的公开信息，投资者也可能会得到不同的结论，理论界称之为异质解释。异质解释的存在会使投资者对股票未来收益产生新的意见分歧，我们称之为事后分歧或二次分歧。也就是说，已有研究认为盈余信息的披露会对股价产生两种效应：当投资者从盈余信息中得到相同的解释时，盈余信息的公布会降低投资者公告前的意见分歧程度(事前分歧)，从而导致公告前因投资者意见分歧和卖空限制而被高估的股票在公告期间向其基础价值回归；而当投资者从盈余信息中得到不同的解释时，盈余信息的公布会使投资者产生新的意见分歧(事后分歧或二次分歧)，在存在卖空限制的条件下会导致股价在公告期间出现进一步高估的趋势。

8.1　理论分析与研究假说

8.1.1　理论分析

我们基于 Scheinkman 和 Xiong(2003)的理论研究，分析投资者异质解释对公告期间股票收益的影响。Scheinkman 和 Xiong 建立了一个无限期界的连续时间模型，在该模型中假设存在唯一的有限供给的风险资产，投资者都是风险中性的，市场禁止卖空。风险资产当前支付的股利由决定资产未来股利支付的基础变量和噪声项构成。除了股利支付以外，每一时刻还会出现两个信号集。所有的投资者都面对相同的信息，然而投资者对信号集的不同解释将他们划分为两个不同的类别。每类投资者都高估各自对应信号集的信息含量，因而对资产未来股利支付形成不同的预测。需要特别强调的是，Scheinkman 和 Xiong 模型中的投资者知道其他投资者的预测值，但是有限理性(过度自信)使他们允许这种分歧的存在。随着信息的逐渐流动，两类投资者的相对地位(乐观还是悲观)不断发生变化，从而导致了交易的产生。投资者对资产的估值除了包括资产的基础价值以外，还需要反映再售期权的价值。因此，当前资产持有者要求的卖价与其基础价值估值之差就是再售期权的价值，即所谓的资产泡沫。下面，我们将用数学表达式简要地描述 Scheinkman 和 Xiong 的研究结果。

假设资产的股利过程满足：$D_t = f_t dt + \sigma_D dZ_t^D$，$df_t = -\lambda(f_t - \bar{f})dt + \sigma_f dZ_t^f$，其中，$f_t$ 表示不可观测的决定资产未来股利支付的基本面因素。

两类有限理性的投资者 A 和 B 分别观察到关于基本面因素 f_t 的不同信号 s_t^A，s_t^B，投资者 A 和 B 分别对各自观测到的信号具有 $\phi(0<\phi<1)$的过度自信，此时有

$$ds_t^A = f_t dt + \sigma_s \phi dZ_t^f + \sigma_s \sqrt{1-\phi^2}\, dZ_t^A$$
$$ds_t^B = f_t dt + \sigma_s \phi dZ_t^f + \sigma_s \sqrt{1-\phi^2}\, dZ_t^B$$

定义投资者的异质解释为 $g^A = \hat{f}^B - \hat{f}^A$ 或 $g^A = \hat{f}^A - \hat{f}^B$。最终，我们得到股价表达式：

$$p_t^o = p^o(\hat{f}_t^o, g_t^o) = \frac{\bar{f}}{r} + \frac{\hat{f}_t^o - \bar{f}}{r+\lambda} + \sup_{r+\lambda} E_t^o\left[\left(\frac{g_t^o}{r+\lambda} + q(g_{t+\tau}^{\bar{o}}) - c\right)e^{-r\tau}\right]$$

其中，$o \in \{A, B\}$。则 $q(g_t^o) = E_t^o[(\frac{g_t^o}{r+\lambda} + q(g_{t+\tau}^{\bar{o}}) - c)e^{-r\tau}]$可以看做行权价为 $\frac{g_t^o}{r+\lambda} + q(g_{t+\tau}^{\bar{o}}) - c$ 的美式看涨期权(再售期权)的价值。我们看到该期权的价值与投资者的异质解释(g_t^o)正相关。

Scheinkman 和 Xiong 的理论模型说明，投资者由于对公开信息的不同解释(异质解释)而产生意见分歧，在存在卖空限制的条件下，这种意见分歧会使当前股价被高估，高估的幅度反映了再售期权的价值。投资者对公开信息的异质解释程度越高，他们之间对股票未来收益预测的分歧就越大，在存在卖空限制的条件下，导致当前股价被高估的幅度就越高，即异质解释与当前股价呈正相关关系。

接下来，我们将以上市公司定期披露的年度财务报告为研究对象，对异质解释与公告期间股价变动的关系进行检验，从而为 Scheinkman 和 Xiong 的理论模型提供经验证据。另外，我们还将区分投资者的异质解释与公告前的投资者意见分歧对公告期间股票收益的不同影响，从而将二者纳入同一研究框架。

8.1.2 研究假说

Zhang(2006)认为，从盈余信号到股票估值的分析过程即使对经验老到的金融分析师来说也相当复杂，分析过程的复杂性使投资者容易对盈余信息产生异质解释。Hong 和 Stein(2007)认为，对信息的异质解释是导致投资者之间产生意见分歧的重要原因之一。如果投资者对盈余信息的异质解释会导致投资者之间产生意见分歧，那么根据 Miller(1977)的假说，卖空限制的存在会将悲观投资者排除在市场之外，从而使当前股价因为只反映乐观投资者的信念而被高估。在其他条件不变的情况下，投资者对盈余信息的异质解释程度越高，他们关于股票未来收益的意见分歧的程度就越高，公告期间股价被高估的幅度也就越大。异质解释现象在我国 A 股市场上同样存在，A 股市场以散户投资者为主的投资者结构使投资者之间更容易对公开信息产生异质解释。加之我国至今仍在实行的严格禁止卖空的交易制度，使得我国 A 股市场与国外成熟市场相比更符合 Miller(1977)假说的基本假设。基于此，我们提出如下待检验假设。

假设 8-1：与异质解释程度较低的股票相比，异质解释程度较高的股票在盈余公告期间获得显著的高收益，盈余公告期间的股票收益与投资者对盈余信息的异质解释程度正相关。

本书第 7 章已经证明，盈余公告的披露会降低投资者公告前存在的意见分歧，从而导致公告前投资者意见分歧与公告期间股票超额收益负相关。然而，这一结论没有考虑投资者对盈余信息产生的异质解释的影响。当投资者对公告信息异质解释程度较低时，第 7 章的研究结论显然成立，而当投资者对盈余信息的异质解释程度较高时，盈余信息对投资者意见分歧的收敛程度就会有所降低。这是因为，异质解释会使投资者产生二次分歧或事后意见分歧，从而导致公告期间的股价具有进一步被高估的倾向。基于 Miller(1977)的假说，在完全禁止卖空的 A 股市场中，由异质解释引起的投资者之间的事后意见分歧会导致股价在公告期间被高估，高估的幅度与投资者对盈余信息的异质解释程度正相关。假设 8-1 与第 7 章的研究结论看似矛盾，然而却共同反映了市场上投资者信念变化的动态趋势。第 7 章的内容研究的是盈余公告对投资者事前意见分歧的影响及其股价效应，认为盈余公告有助于降低投资者事前意见分歧程度，从而使公告前因意见分歧和卖空限制而被高估的股票在公告期间出现向其基础价值回归的趋势。而新信息的披露又会在投资者之间产生新的意见分歧，我们可以称之为事后意见分歧。事后意见分歧的产生源自投资者对盈余信息的不同解释，在存在卖空限制的条件下，事后意见分歧又会使股价在公告期间被高估。也就是说，盈余公告期间的股票收益同时受到事前意见分歧和事后异质解释两种效应的影响，两种效应相对独立。盈余公告意见分歧收敛效应引起的股价向下调整在投资者异质解释程度较低的股票中表现更加明显。基于此，我们提出如下待检验假设。

假设 8-2：事前意见分歧和事后异质解释引起的股价效应具有相对独立性，在控制其中一个变量的情况下，另一个变量的股价效应仍然存在。

假设 8-3：盈余公告意见分歧收敛效应引起的股价向下调整受到投资者异质解释程度的影响，在投资者异质解释程度较低的股票中表现更加明显。

8.2　样本选择与变量

8.2.1　样本选择

我们以沪深两市上市公司 1998～2008 年披露的年度财务报告为研究对象，共 11 个报告期。所需股票交易数据和财务数据全部来自于 RESSET 金融研究数据库。在具体选择样本的过程中，我们遵循以下原则：剔除金融保险类上市公司样本；剔除非正常交易(ST 或 PT)的公司样本；剔除年报公布超期的公司样本；剔除公告日附近 3 个交易日中任何一个交易日股票日收益数据缺失的公司样本。经过上述筛选，最终得到 9545 个盈余公告样本。

8.2.2　研究变量构建

1. 异质解释变量

Varian(1989)、Kim 和 Verrecchia(1991)以及 Kandel 和 Pearson(1995)认为，异质解释是交易量产生的重要原因，交易量随着投资者对公开信息异质解释程度的提高而增加。因此，我们采用公告日前后 3 天([－1，0，1])的日均异常换手率作为投资者对盈余信息异质解释变量，具体计算方法是盈余公告附近 3 个交易日的平均日换手率减去公告前 200 个交易日至公告前 11 个交易日的日均换手率。采用事件期([－1，0，1])股票换手率与估计期([－200，－11])日均换手率的差值作为异质解释代理变量，不仅有助于排除交易量中包含的影响股价的其他因素的干扰，还能在投资者总的意见分歧中排除投资者在公告前存在的意见分歧，从而只反映盈余信息披露引起的投资者信念修正的异质性，即异质解释。异常换手率越高，说明投资者对盈余信息的异质解释程度就越高。

2. 公告前意见分歧指标

投资者对股票未来收益的意见分歧是长期存在的，否则就不会产生交易。基于这一逻辑，在盈余公告披露之前，投资者对股票未来收益就存在意见分歧，我们称之为事前意见分歧。依据第 7 章的指标构建方法，我们分别采用公告日前第 200 个交易日至公告前第 11 个交易日([－200，－11])共 190 个交易日的日平均换手率和日均超额收益波动率作为投资者事前意见分歧的代理变量[①]。其中，换手率为股票日交易股份数与流通股数之比。超额收益波动率为计算期内经过市场调整的超额收益的标准差。

3. 股价效应指标

我们定义盈余公告期间的股价效应指标(EXRET)为盈余公告附近3个交易日([−1，0，1])经过市场调整的持有到期收益率(buy and hold abnormal return)[②]。

4. 意外盈余

吴世农和吴超鹏(2005)发现，我国投资者对盈余信息的反应依赖于盈余的度量方式，从而表现为"框架依赖偏差"。以往研究对会计盈余的度量方法大致分为两类：第一类是会计衡量法，用公司财务指标的实际数据与各种预测模型得到的预测数据之间的差值度量意外盈余。差值为正意味着披露的是好消息，反之则为坏消息。第二类是市场衡量法，用盈余信息披露时的股价反应来衡量意外盈余。股票反应为正说明是好消息，反之则为坏消息。两种方法各有利弊：对于会计衡量法而言，财务指标种类繁多，单一指标很难完整地反映上市公司经营状况。另外，多数盈利预测模型过于简单(如随机游走模型)，很难客观体现投资者的预测思维过程。而市场衡量法尽管能够体现市场对盈余信息未预期部分的惊讶程度，但是公告前后的收益变化还可能包含其他影响股价的因素(如投机交易以及信念收敛等)。综上所述，本章内容将分别采用会计衡量法和市场衡量法两种方式度量意外盈余，在综合比较两种方式检验结果的基础上得出结论。借鉴吴世农和吴超鹏(2005)的指标构建方法，我们使用会计衡量法中的每股收益变动百分比来表示意外盈余，其具体计算公式如下：

$$\mathrm{SUE1}_{i,t}=\frac{\mathrm{EPS}_{i,t}-\mathrm{EPS}_{i,t-1}}{|\mathrm{EPS}_{i,t-1}|}\times 100\%$$

其中，$\mathrm{SUE1}_{i,t}$表示第i只股票在会计年度t使用会计衡量法计算得到的意外盈余；$\mathrm{EPS}_{i,t}$表示第i只股票在会计年度t的每股收益。借鉴 Garfinkel 和 Sokobin (2006)以及 Anderson 等(2007)采用的市场衡量方法，以盈余公告当天及后一天的累积超额股票收益定义股票意外盈余，其具体计算方法如下：

$$\mathrm{SUE2}_{i,t}=\frac{1}{2}\sum_{t=0}^{1}(R_{i,t}-R_{m,t})$$

其中，$\mathrm{SUE2}_{i,t}$表示第i只股票在会计年度t使用市场衡量法计算得到的意外盈余；$R_{i,t}$表示股票i在第t天的日收益；$R_{m,t}$表示第t天的流通市值加权市场平均

① 计算区间的确定依据是相邻两个年度报告的时间间隔平均为200个交易日，选择这一区间有助于避免计算期的彼此重叠。

② 为了反映收益指标对检验结果的影响，我们还采用累积超额收益(CAR)作为因变量进行检验，发现收益指标的选取不会影响最终的检验结果。

收益。

5. 其他控制变量

根据已有研究，引入公司规模、市/账比和动量效应指标作为回归模型的控制变量。其中，公司规模用年末流通股市值的自然对数表示，年末流通股市值的计算方法为年末股票收盘价与流通股股数的乘积；市/账比为年末流通股市值与公司净资产比值的自然对数，我们将市/账比为负的观测设为缺失值；而动量效应用公告前 60 个交易日的连续持有超额收益率表示。

需要特别注意的是，与第 7 章控制变量选用事前指标不同，本章研究选取的控制变量都是事后指标。这是因为，本章的核心变量异质解释指标属于事后指标，因此选用事后指标作为控制变量有助于保持指标构建的一致性。所有变量中包含的极端值可能对检验结果产生负面影响。经验文献控制极端值的做法包括将变量分布两侧 1%的观测截除和对变量分布两侧 1%观测的进行 winsorize 处理。本章涉及变量较多，若将各关键变量前后 1%观测值截除，恐怕会损失过多的样本，从而降低检验结果的准确性。因此，我们主要采用 winsorize 方法，对变量极端值进行处理。

8.2.3　描述性统计

我们首先计算了变量的全样本描述性统计(表 8-1)。其中，观测数最多的变量是公告期间股价效应指标(EXRET)，观测数目达到 9545 个。观测数目最少的变量[Ln(MB)]为 9080 个，这主要是因为我们将市/账比为负的观测设为缺失值的缘故。异质解释变量(ABVOL)均值为正，这一结论与 Morse 等(1991)的研究一致。

表 8-1　全样本描述性统计

变量	观测数	均值	标准差	最小值	中位数	最大值
EXRET	9545	−0.45	5.03	−13.10	−0.72	15.69
TURN	9541	0.91	0.83	0.07	0.59	3.79
RETVOL	9540	0.02	0.008	0.016	0.02	0.03
ABVOL	9541	0.51	1.21	−1.80	0.16	5.56
SUE1	9327	−0.81	10.95	−569.80	−0.06	274.00
SUE2	9327	−0.26	2.28	−10.50	−0.38	13.98
Ln(SIZE)	9291	20.90	1.14	17.92	20.72	28.13
Ln(MB)	9080	1.10	0.67	−0.65	1.04	5.92
MOM	9327	3.60	17.95	−110.86	1.70	261.58

Pearson 相关性检验结果显示，公告附近 3 天连续持有股价效应指标(EXRET)与异质解释变量(ABVOL)正相关，相关系数为 0.24，在 1%水平下显著，相关性检验的结果与假设 8-1 一致。

8.3 实证结果及分析

8.3.1 异质解释对公告期间股票收益的影响

与第7章一样，我们分别采用组合价差法和回归分析法对假设8-1进行检验。在每个报告期，我们首先按照异质解释变量的5分位数将样本股票分成5组，每组构成一个异质解释投资组合，计算每个组合中所有股票等加权平均超额收益作为该组合的收益。然后对所有报告期(12个会计年度)各类组合的超额收益取时间序列加权平均值，作为该类组合在样本期内的超额收益，权重为每个报告期样本股票的数量。比较异质解释最高组合(分位数为5)和最低组合(分位数为1)在盈余公告3天持有到期超额收益的差值，如果假设8-1成立，那么我们期望这一差值显著为正，说明我们可以通过构造异质解释套利组合的方法获得无风险收益。

表8-2给出了组合价差法的分析结果，我们看到异质解释5分位组合在盈余公告期间的超额收益基本上随着组合异质解释程度的上升而增加，异质解释最低组合的超额收益为－1.21%，且在1%水平下显著；而异质解释最高组合的超额收益为1.61%，也在1%水平下显著。异质解释最高组合与最低组合超额收益的差值为2.83%，在1%水平下显著，说明异质解释最高组合在盈余公告期间的股票超额收益显著高于异质解释最低组合的超额收益。

表8-2 异质解释组合超额收益(单位:%)

异质解释组合	盈余公告期间超额收益
1(低)	－1.21***
2	－1.22***
3	－1.05***
4	－0.38**
5(高)	1.61***
高－低	2.83***

*表示在10%水平下显著；**表示在5%水平下显著；***表示在1%水平下显著

我们还计算了异质解释最高组合和异质解释最低组合超额收益之差的年度分布情况，结果发现在样本期的11个会计年度中，异质解释最高组合在公告期间的股票收益全都显著高于异质解释最低组合的收益，这也说明假设8-1的结果对于样本期内所有的会计年度都成立。

组合价差法直观地呈现出异质解释对公告期间股票收益的影响规模，却不能反映其他影响盈余公告期间股票收益的因素对检验结果的影响。为此，我们将通过构建回归模型的方法对上述结果进行进一步检验，具体方法是：首先，在每个报告期，我们将盈余公告期间的超额收益作为因变量，将异质解释作为自变量并引入其他控制变量进行横截面回归。其次，对横截面回归系数进行时间序列加权平均，并将其作为各个变量最终的回归系数，权重为每个报告期样本股票的数量。我们采用的回归模型的形式如下：

$$\begin{aligned}\text{EXRET}_{i,t}=&\alpha+\beta_1\text{Ln}(\text{SIZE})_{i,t}+\beta_2\text{Ln}(\text{MB})_{i,t}+\beta_3\text{MOM}_{i,t}\\&+\beta_4\text{SUE}_{i,t}+\beta_5\text{ABVOL}_{i,t}+\varepsilon_{i,t}\end{aligned}\tag{8-1}$$

表 8-3 给出了引入异质解释变量前后的回归分析结果。我们发现引入异质解释变量后，回归方程的调整后的 R^2 均值显著高于引入这一变量前回归方程的调整后的 R^2 值，说明异质解释变量的引入提高了回归方程的拟合优度。异质解释变量的回归系数为 1.29，且在 1%水平下显著，说明该变量与公告期间股票收益显著正相关，这一结果与组合价差法的分析结果一致。表 8-2 与表 8-3 的检验结果说明在存在卖空限制的条件下，投资者异质解释会导致公告期间股价被高估，高估幅度与异质解释程度成正比，从而证实了假设 8-1 的结论。

表 8-3　回归分析结果

变量	回归系数及 t 统计量	回归系数及 t 统计量
INTERCEPT	−1.12	−1.97*
	(−1.21)	(−1.93)
Ln(SIZE)	0.12	0.14
	(1.07)	(1.19)
Ln(MB)	−0.08	0.01
	(−0.79)	(0.13)
MOM	0.02**	0.003
	(2.65)	(0.43)
SUE	3.00	3.27
	(0.84)	(0.93)
ABVOL		1.29***
		(11.21)
调整后的 R^2 均值	0.0177	0.0716
平均观测数	867	867

* 表示在 10%水平下显著；** 表示在 5%水平下显著；*** 表示在 1%水平下显著

注：括号内为 t 统计量

我们从事件期设定和盈余信息内容两个角度对上述检验结果进行了稳健性分析，具体如下所示。

1. 事件期设定对检验结果的影响

不同的事件期设定可能会对检验结果的稳健性造成影响。为此，我们将事件期设为[−2，2]和[−3，3]并对表 8-2 的结果进行重新检验。之所以选择这两个事件期，主要是因为通过第 7 章的分析表明，投资者对盈余内容的反应在以上区间较为明显。表 8-4 列出了不同事件期设定下的分组结果，我们看到，不同事件期设定并未对表 8-2 的检验结果产生影响。表 8-4 的结果显示，对于事件期为[—2，2]和[—3，3]而言，异质解释组合收益同样随着组合异质解释水平的上升而增加，而异质解释最高和最低组合收益之差都在 1%水平下显著且为正。表 8-4的检验结果说明，上述研究结果对于不同的事件期设定具有稳健性。

表 8-4 异质解释组合超额收益在不同事件期设定下的稳健性分析结果(单位：%)

异质解释水平	不同事件期设定		
	[—1，1]	[—2，2]	[—3，3]
1(低)	—1.21***	—1.68***	—2.07***
2	—1.22***	—1.22***	—1.49***
3	—1.05***	—1.07***	—1.07***
4	—0.38**	—0.03	0.31
5(高)	1.61***	2.54***	3.35***
高—低	2.82***	4.22***	5.42***

*表示在 10%水平下显著；** 表示在 5%水平下显著；*** 表示在 1%水平下显著

2. 盈余信息内容对检验结果的影响

由于我们采用的异质解释变量属于事后指标，因此，盈余信息的内容可能会对异质解释与公告期间股票收益的关系产生影响，一个可能的后果是异质解释变量与公告期间股票收益的正相关关系可能只在好消息或坏消息中存在。

借鉴以往研究，我们通过比较好消息与坏消息下异质解释与股票收益关系的方法，考察盈余内容对检验结果稳健性的影响。综上所述，为了规避会计衡量法和市场衡量法的缺点，我们在研究中分别基于两种方法对样本进行分类，并对基于两种分类方法得到的好消息和坏消息组合分别进行检验，检验结果如表 8-5 和表 8-6 所示。

表 8-5 异质解释组合超额收益在好、坏消息时的稳健性分析结果(会计衡量法)(单位：%)

异质解释	[—1，1]		[—2，2]		[—3，3]	
	好	坏	好	坏	好	坏
1(低)	—0.96***	—1.42***	—1.47***	—1.45***	—1.83***	—2.21***
2	—1.15***	—1.31***	—0.97***	—1.10***	—1.25***	—1.91***
3	—0.66**	—1.24***	—0.52*	—1.22***	—0.39	—1.60***
4	—0.05	—0.78***	0.46	—0.77***	1.01***	—0.18
5(高)	1.59***	1.59***	2.63***	1.44***	3.54***	3.11***
高—低	2.55***	3.01***	4.10***	2.89***	5.37***	5.32***

*表示在 10%水平下显著；** 表示在 5%水平下显著；*** 表示在 1%水平下显著

表 8-6　异质解释组合超额收益在好、坏消息时的稳健性分析结果(市场衡量法)(单位:%)

异质解释	[−1, 1]		[−2, 2]		[−3, 3]	
	好	坏	好	坏	好	坏
1(低)	1.83***	−2.89***	1.27***	−3.37***	0.87***	−3.77***
2	1.92***	−2.90***	1.92***	−3.12***	1.39***	−3.37***
3	2.92***	−3.23***	2.81***	−3.19***	2.73***	−3.15***
4	3.74***	−3.38***	4.03***	−2.79***	4.17***	−2.22***
5(高)	6.54***	−3.26***	7.61***	−2.32***	8.12***	−1.21*
高一低	4.71***	−0.37	6.34***	1.05**	7.25***	2.56***

* 表示在 10%水平下显著；** 表示在 5%水平下显著；*** 表示在 1%水平下显著

表 8-5 和表 8-6 的结果显示，异质解释组合的对冲收益无论在好消息还是坏消息股票分类中都显著为正，说明异质解释引起的公告期间高估不受盈余信息内容(好、坏消息)的影响，前文的研究结果在好消息和坏消息股票中具有稳健性。

此外，我们还发现一种有趣的现象，无论采用何种方法衡量好、坏消息，好消息组中异质解释组合收益差值的规模大于坏消息组中的异质解释组合的收益差值，说明投资者对好消息异质解释引起的股价高估幅度高于坏消息引起的股价高估幅度。产生这一结果的原因在于，相对于坏消息而言，对公布好消息的股票持乐观态度的潜在投资者数量较多，单个投资者承担的股价下跌的风险较少。因此，他们更有可能买入股票并持有到股价上涨到预期的价格。在这种情况下，公布好消息股票引起的股价高估幅度就会高于坏消息股票引起的股价高估幅度。

8.3.2　异质解释和事前意见分歧的联合检验

8.3.1 节的研究结果说明，在存在卖空限制的条件下，投资者对盈余信息的异质解释会导致股价在公告期间被高估。然而，我们在第 7 章已经证明，盈余公告的意见分歧收敛效应会导致公告前被高估的股价在公告期间向其基础价值回归。可见，异质解释引起的股价高估和意见分歧收敛效应引起的股价向其基础价值回归同时作用于公告期间的股票收益，本节将通过联合检验的方法对盈余公告的上述两种股价效应进行区分，从而全面地反映盈余公告前后意见分歧变动对股票收益的影响。

为了区分投资者事前意见分歧与异质解释对盈余公告期间股票收益的影响，我们将对两个变量进行联合检验。首先，我们根据这两个指标对样本股票进行二维顺序分组(sequential sort)[①]，具体分组方法为：在每个报告期，我们将样本股票按照投资者事前意见分歧程度分成高、中、低 3 组。在每个意见分歧组中，再根据异质解释程度将组中的样本股票分成高、中、低 3 组。这样每个报告期得到 3×3 个二维(意见分歧-异质解释)投资组合，将每个组合中样本股票的等加权平均收益作为该组合在当前报告期的组合收益，再将每个 3×3 组合的时间序列加权平均收益作为该类组合在样本期(11 个会计年度)的组合收益，权重为每个报告期样本股票的数量。

表 8-7 和表 8-8 分别给出了异质解释与两个事前意见分歧指标(换手率和超额收益波动率)二维顺序分组结果。我们发现，对于两个意见分歧指标而言，在控制异质解释水平后，绝大多数意见分歧组合超额收益随着事前意见分歧程度的上升而逐渐降低(横向)，说明在控制异质解释变量后，公告前意见分歧与公告期间股票收益的负相关关系未发生改变。同样，在控制投资者公告前意见分歧水平后，异质解释组合超额收益随着投资者异质解释程度的上升而逐渐上升(纵向)，说明在控制公告前意见分歧变量后，异质解释与公告期间股票收益的正相关关系也未改变。这一结果说明，公告前意见分歧与公告后异质解释的股价效应表现出一定的独立性，两者同时作用于公告期间的股票收益，在控制一种效应的情况下，另一种效应仍然存在，假设 8-2 因此得到证明。对于异质解释程度中、低组而言，所有二维分组组合收益都为负值，说明对异质解释程度较低的股票来说，盈余公告的意见分歧收敛效应表现更加明显，从而导致股票在公告期间向下调整的幅度也更明显。对于异质解释程度最高组而言，所有组合收益都为正，说明对于异质解释程度较高的股票而言，盈余公告的意见分歧收敛效应不再显著，此时异质解释引起的股价高估占有绝对优势，此时股价表现为向上调整。另外，我们还发现，异质解释程度最高且事前意见分歧程度最低的股票组合在盈余公告期间获得最高的超额收益，而异质解释程度最低且事前意见分歧程度最高的股票组合在盈余公告期间获得最低的超额收益，两者都在 1%水平下显著。上述结果显然支持了待检验假设 8-3 的结论。

表 8-7 基于公告前意见分歧和异质解释的二维顺序分组结果(换手率)(单位:%)

异质解释	公告前意见分歧		
	低	中	高
低	−0.63***	−1.30***	−1.43***

① 与顺序分组相对应的另一种分组方式是独立分组(independent sort)，即在每一报告期，分别根据两个变量对样本进行分组，得到二维组合。然而，采用独立分组方法可能使各组中包含的样本数量差异过大，会影响检验结果的准确性，因此，我们选择使用顺序分组方法。尽管如此，当采用独立分组时得到的检验结果与采用顺序分组的结果仍然保持一致。

续表

异质解释	公告前意见分歧		
	低	中	高
中	−0.86***	−1.20***	−1.37***
高	1.06***	0.88**	0.81***
高−低	1.69***	2.18***	2.24***

* 表示在 10%水平下显著；** 表示在 5%水平下显著；*** 表示在 1%水平下显著

表 8-8　基于公告前意见分歧和异质解释的二维顺序分组结果(波动率)(单位:%)

异质解释	公告前意见分歧		
	低	中	高
低	−1.22***	−0.97***	−1.36***
中	−0.77***	−0.90***	−1.33***
高	0.91***	0.84***	0.75***
高−低	2.13***	1.81***	2.11***

* 表示在 10%水平下显著；** 表示在 5%水平下显著；*** 表示在 1%水平下显著

事件期的设定会对事件研究结果产生影响，借鉴前面的稳健性检验方法，我们将事件期分别设定为[−2，2]和[−3，3]，并对上述检验结果进行重新检验，检验结果见表 8-9 和表 8-10。结果显示，不同的事件期设定不会对检验结果的稳健性产生影响，本章的检验结果在事件期为[−2，2]和[−3，3]时依然成立。

表 8-9　二维顺序分组在不同事件期设定下的稳健性分析结果(换手率)(单位:%)

[−2，2]	非流动性		
异质解释	低	中	高
低	−0.92***	−1.61***	−2.10***
中	−0.69***	−1.07***	−1.23***
高	2.00***	1.52***	1.47***
高−低	2.92***	3.13***	3.57***
[−3，3]	非流动性		
异质解释	低	中	高
低	−1.22***	−1.95***	−2.34***
中	−0.59**	−0.76**	−1.49***
高	2.59***	1.99***	2.00***
高−低	3.81***	3.94***	4.34***

* 表示在 10%水平下显著；** 表示在 5%水平下显著；*** 表示在 1%水平下显著

表 8-10　二维顺序分组在不同事件期设定下的稳健性分析结果(波动率)(单位:%)

[−2, 2]	非流动性		
异质解释	低	中	高
低	−1.47***	−1.31***	−1.93***
中	−0.65**	−0.76***	−1.29***
高	1.87***	1.52***	1.38***
高−低	3.34	2.83***	3.31***
[−3, 3]	非流动性		
异质解释	低	中	高
低	−1.60***	−1.69***	−2.25***
中	−0.59	−0.63**	−1.45***
高	2.49***	2.14***	1.84***
高−低	4.09***	3.83***	4.09***

* 表示在 10%水平下显著；** 表示在 5%水平下显著；*** 表示在 1%水平下显著

8.4　结　　论

本章的经验研究说明，在存在卖空限制的 A 股市场中，投资者对盈余公告的异质解释会导致公告期间的股价因反映乐观性偏差而被高估，这一结果支持了 Miller(1977)的假说。结合第 7 章的结论，我们发现盈余公告对公告前投资者意见分歧的收敛效应和公告期间投资者对盈余信息的异质解释同时作用于公告期间的股票收益，两者对股价的影响相对独立，在控制一种效应的情况下，另一种效应依然存在。盈余公告的意见分歧收敛效应及其引起的股价变动在投资者异质解释程度较低的股票中表现较为显著，公告期间股价的最终变动取决于两种效应的相对强度。此外，稳健性检验还发现，异质解释导致的盈余公告披露期间股价高估在好消息股票中的表现要比在坏消息股票中的表现更加明显，说明投资者更有可能对好消息表现出乐观情绪。

盈余公告的意见分歧收敛和投资者异质解释之所以会同时作用于公告期间的股票收益，可以用投资者的有限注意加以解释。由于股票市场的股票供给相对有限，而投资者数量相对于有限的股票供给则十分巨大。受到注意力和信息能力的限制，单个投资者往往无法同时关注多只股票。对于某只股票而言，关注该只股票的投资者占投资者者总数的比率相对较低，这种现象在我国散户占比较高的股票市场中表现尤为明显。Miller(1977)认为，公开信息的披露会提高股票的市场关注度，这就意味着关注该股票的投资者基数有所增加，在这种情况下，新投资者中乐观投资者的买入行为往往会推高当前的股票价格。

对于盈余公告而言，盈余信息的披露会降低公告前关注股票的投资者的意见分歧程度，从平均来看，公告前持有股票的乐观投资者会对盈余内容感到失望，从而选择在公告期间卖出股票(sell on the news)并导致股票在公告期间向下调整。然而，盈余信息披露期间市场关注度的提高会吸引新的投资者关注该股票，新的投资者对盈余信息的不同解释会使他们之间产生意见分歧。如果因为盈余公告意见分歧收敛效应而导致的公告期间股价下跌的幅度低于这部分投资者中乐观投资者的预期，那么他们会选择在此时购入股票，从而使股票在公告期间向上调整。由于我们使用的日收益数据难以刻画公告期间股票收益的日内变动，因此单纯从检验结果来看，盈余公告的意见分歧收敛效应和投资者的异质解释同时作用于公告期间的股票收益。需要注意的是，只有在卖空限制能够有效阻止悲观投资者通过卖空交易将其信念体现在股价中时，上述分析才能成立。

第 9 章

异质解释与盈余公告后的股价漂移

有效市场假说认为，证券价格会对信息做出迅速和无偏的调整，因此市场上不存在获得超常收益的机会。然而，股票市场上存在的众多异常现象却并不符合这一假说。其中，盈余惯性(post-earnings announcements drifts，PEAD，也称作盈余漂移)就是最重要的市场“异象”之一。盈余惯性是指意外盈余较高的公司在未来一段时期内的市场回报会显著地高于那些意外盈余较低的公司。盈余惯性的存在意味着价格并没有迅速对盈余公告做出反应，而是经过一段时间调整后才将盈余信息融入股价，这显然有悖于有效市场假说。Ball 和 Brown(1968)最早发现这一现象，此后 Jones 和 Litzenberger(1970)、Joy 等(1977)、Watts(1978)、Foster 等(1984)、Bernard 和 Thomas(1989，1990)以及 Chan 等(1996)都证实在控制各种风险因素后，该现象仍然存在。Fama(1998)在反驳历年来发现的各种违背有效市场假说的异象后，也不得不承认盈余惯性至今仍是一个难以否定的异象。

自从盈余惯性首次被发现以来，国内外学者们提出了各种解释，形成两种不同的观点：一是从风险定价角度出发，其认为任何能够获得超常收益的异象不外乎是承担了额外风险；二是从行为金融角度出发，其认为是投资者心理偏差引起的投资者对盈余公告信息的反应不足导致了盈余惯性现象的产生。实际上，除了上述两方面原因之外，投资者对盈余信息的异质解释也会对盈余惯性产生影响。当盈余公告披露时，投资者会对盈余公告内容产生异质解释。在存在卖空限制的情况下，悲观投资者的信念不能完全反映在股价中，从而导致股价被高估。随着时间的流逝，关于公司未来股价的信息不断被披露，投资者的意见分歧逐渐收敛，公告披露期间被高估的股价将逐渐向其基础价值回归。如果意见分歧收敛的时间区间与盈余惯性区间重合，投资者的异质解释也必然会对盈余公告后的股价漂移产生影响。为此，本章研究将着重分析以下几个问题：一是在我国禁止卖空的股票市场上，投资者对盈余信息的异质解释是否会对盈余惯性产生影响；二是两者之间的相关关系如何；三是哪些因素能够对盈余惯性与异质解释的关系产生影响。

9.1 理论分析与研究假说

9.1.1 理论分析

1. 盈余惯性的风险定价理论解释

风险定价学派承认有效市场假说，认为资本市场是有效的，盈余惯性表现出的“赢家组合”收益显著高于“输家组合”的现象，主要是因为前者比后者承担了更多的风险。风险定价学派主要采用风险资产定价模型对两类股票组合进行风险调整，考察经风险调整后两类股票组合的收益是否仍然存在显著差异，并在此基础上对盈余惯性产生的原因进行解释。

Jones 和 Litzenberger(1970)采用资本资产定价模型对盈余惯性现象中的“赢家组合”和“输家组合”进行风险调整，发现系统性风险并不能解释盈余惯性现象。Bernard 和 Thomas(1989)采用套利定价模型对“赢家组合”和“输家组合”进行风险调整，发现套利理论无法解释盈余惯性现象。Collins 和 Hribar(1999)、Chordia 和 Shivakumar(2002)应用 Fama-French 三因素模型对“赢家组合”和“输家组合”进行风险调整，发现市场因素、规模效应和热门/价值股效应都不能解释盈余惯性现象。

由于传统的资产定价模型不能有效解释盈余惯性，因此，风险定价学派开始尝试在传统资产定价模型基础上引入其他风险溢价因素或考虑交易成本(套利成本)的方法对盈余惯性进行解释。Ball 等(1993)和 Foster 等(1984)认为资本资产定价模型的一些缺陷导致盈余惯性收益指标的计算存在误差，而这种误差是盈余惯性现象产生的原因。Ball 等(1993)发现，对于意外盈余为正的公司，资本资产定价模型会高估 β 值；对于意外盈余为负的公司，资本资产定价模型会低估 β 值。为了克服 β 值估计的偏误，他们修正了资本资产定价模型，发现盈余惯性不再显著。Sadka(2006)从流动性风险的角度解释了盈余惯性问题，他在 Fama-French 三因素模型的基础上引入了流动性风险因素对盈余惯性进行了解释，认为流动性溢价是盈余惯性产生的原因。然而，尽管在引入流动性因素后，模型解释力有所提高，但仍不能完全解释这一现象(解释力为40%～80%)。Bhushan(1994)对盈余惯性和交易成本之间的关系进行了检验，发现盈余信息披露后股价的漂移程度与交易成本正相关，交易成本的存在限制了套利者利用市场上存在的错误定价获利的机会，交易成本是证券市场是否有效的一个重要决定因素。Wurgler 和 Zhuravskaya(2002)以及 Mendenhall(2004)发现，基于盈余惯性的套利策略往往会导致很高的套利成本。他们认为，扣除套利成本后，盈余惯性策略并不一定能够获得超额回报，其结论仍然支持有效市场假说。Modigliani 和 Cohn(1979)提出了通货膨胀错觉假说，认为通货膨胀变化导致投资者对未预期盈余的估计存在系统偏差，这种系统偏差是影响盈余惯性的一个重要因素。他们认为，相对于债券市场，股市投资者通常不会考虑通货膨胀对未来盈余增长的影响，因此不会将通货膨胀影响考虑进定价模型中。而实际上，未来盈余增长显然会受到通货膨胀的影响，这就造成了对意外盈余的估计存在系统偏差。Chordia 和 Shivakumar(2005)扩展了通货膨胀错觉假说，他们认为，通货膨胀对盈余增长的影响是随着意外盈余单调递增的。因为股市存在通货膨胀错觉，盈余增加与通货膨胀的正相关关系被低估，盈余增加与通货膨胀的负相关关系被高估，错误的估计导致了盈余惯性现象。

实际上，风险定价学派仍然是在有效市场假说基础上对盈余惯性进行解释，尽管额外增加的风险溢价因子和交易成本能够在一定程度上解释盈余惯性的成因，但仍不能完全解释这一现象。这主要是因为，有效市场假说假设投资者是完全理性的，这显然与股票市场的实际情况不符，因此风险定价学派不可能充分解释盈余公告效应。

2. 盈余惯性的行为金融理论解释

有效市场假说关于理性投资者的基本假设使其不能完全解释盈余惯性现象，因此一些学者转而从心理学角度研究投资者的非理性行为。这些学者认为，行为和心理偏差引起的投资者对盈余信息内容反应不足是盈余惯性产生的主要原因，这类研究的理论基础主要是经典的行为金融资产定价模型，包括 BSV 模型、DHS 模型、BHS 模型和 HS 模型等。

Daniel 等(1998)基于投资者过度自信和自我归因的心理偏差，提出证券市场上投资者反应过度和反应不足的理论。Barberis 等(1998)则进一步指出，投资者对信息反应不足源于其保守性心理偏差(conservatism bias)，即投资者在获得新信息时，很难更新原有观念，尽管投资者对新信息的反应方向正确，但反应程度总小于贝叶斯标准。Bernard 和 Thomas(1990)发现，季度报告的意外盈余能够有效预测此后 4 个报告期公告日附近 3 天的市场反应，他们将这一现象归因为投资者(包括个人投资者和机构投资者)的不成熟，而投资者的不成熟使得他们无法预见意外盈余的自相关特征，从而导致盈余惯性现象的产生。Bartov(1992)将盈余惯性产生的原因归结为包括分析师在内的投资者无法有效地识别盈余的时序特征。Daniel 等(1998) 和 Fischer(2001)认为，盈余惯性是由于投资者对私人信息的过度反应以及伴随着自我归因偏差引起的。过度自信使得这些投资者过度相信私人信息，而对诸如年报之类的公众信息相信不足。在这一假设下，过度自信的投资者可以推动股价，基于这一模型可以预测投资者拥有的同质信息越多，盈余惯性的程度越大。Zhang(2006)认为，投资者的心理偏差会导致其对盈余信息的反应不足或反应过度，从而导致盈余惯性的产生。信息不确定性的提高会增加投资者的心理偏差，因而信息不确定性的提高会增加盈余惯性策略的超额收益。Bartov等(2000)发现，盈余惯性与投资者成熟程度存在负相关关系，在引入投资者成熟度变量后，其他变量对盈余惯性的解释力都不显著。

Collins等(2003)发现，机构投资者持股比例较高的股票具有更低的定价偏差，机构投资者的偏差导致了市场无法正确估计意外盈余的自相关结构，从而产生了盈余惯性。Ke和Ramalingegowda(2005)对机构投资者的短期交易行为进行研究，发现机构投资者利用了盈余惯性进行套利，他们估计出在扣除交易成本之后，这些短期行为能够给机构投资者带来年利率为22%的超常收益。此外，他们也发现，套利活动确实增加了股票价格反映内在价值的速度，但是随着交易成本的增加，机构投资者的这些交易活动有所减弱。Narayanamoorthy(2006)认为，会计稳健性是导致投资者无法有效分析识别盈余时序特征的主要原因。所谓会计稳健性是指会计处理倾向于不确认收益而确认损失，这就使得意外盈余受到会计处理程序的影响。Narayanamoorthy(2006)发现，在排除会计稳健性因素影响后，盈余惯性策略的超额回报更高。Frazzini(2006)从处置效应的角度解释了盈余惯性和价格惯性，发现处置效应的存在加剧了盈余惯性和价格惯性。

尽管行为金融理论为我们理解盈余公告效应提供了一种全新的思路，但是这一理论也存在一些缺陷。股票市场投资者在进行交易时往往表现为多种心理和行为偏差，我们无法有效区分每一种偏差对公告后股价变动的影响。

3. 基于异质解释的盈余惯性理论分析

对于盈余公告而言，Zhang(2006)、Francis等(2007)和Lu(2004)认为，从盈余信息中提取影响股票估值因素的过程十分复杂，即使对于老练的分析师也是如此，这种复杂性恰恰为投资者对盈余信息的异质解释"预留了空间"。所谓异质解释是指即使面对相同的盈余信息，投资者对信息含义的理解也可能产生分歧。投资者对盈余信息的异质解释会导致投资者对股票未来收益产生意见分歧(Varian　1989；Harris and Raviv　1993；Kandel and Pearson　1995)。基于意见分歧资产定价模型，在存在卖空限制的情况下，投资者意见分歧的存在会导致股价在公告期间被高估。在均衡状态下，股价的高估不可持续，随着更多的有关股票未来收益的信息不断披露，高估的股价将会逐渐向其基础价值回归。投资者对盈余信息的异质解释程度越高，他们在公告期间意见分歧程度越大，股价在公告期间被高估的幅度就越高，公告后股票收益向其基础价值的回归幅度也就越大。

在理论研究基础上，Garfinkel和Sokobin(2006)利用盈余公告期间的意外交易量作为异质解释代理变量，以1980～1998年纽约证券交易所和美国证券交易所上市公司的44 755个盈余公告数据为样本，发现盈余公告后60天的累积超额收益率与盈余公告期间的意外交易量正相关，这一结论实际上支持了Varian

(1985)的观点，认为投资者对盈余信息的异质解释是一种风险因素。Anderson 等(2007)在 Garfinkel 和 Sokobin(2006)的研究基础上对 2004～2005 年纳斯达克上市公司盈余公告样本进行了研究，并考虑了卖空限制的影响，发现卖空限制对拥有利空信息的公司有影响，在这种情况下卖空限制导致 1～3 个月的盈余漂移，从而支持了 Miller(1977)的观点。Chang 等(2009)以 1985～2007 年纽约证券交易所、美国证券交易所、纳斯达克三个交易所上市公司的 141 328 个季度报告为研究样本，对异质解释与盈余公告后股价收益对意外盈余的非对称反应进行了检验，发现在公告日后 60 个交易日内，随着投资者异质解释程度的增强，股票 60 天累积超额收益对好消息的反应强度逐渐增强。在异质解释程度最高的股票组合中，累积超额收益对好消息的反应强度超过对坏消息的反应强度。

国内研究方面，陈国进等(2008)借鉴 Garfinkel 和 Sokobin(2003)的研究方法，以 2003～2005 年沪深两市上市公司公布的年报为样本，以意外成交量为异质解释代理变量，检验了盈余公告效应与异质解释的关系，发现盈余公告后较长时间区间内股票的累积超额收益与投资者异质解释负相关，得到了与 Garfinkel 和 Sokobin 相反的结论。陈国进等(2008)认为，之所以会得到与国外成熟市场研究相反的结论，主要是因为我国股票市场仍实行严格的卖空限制，在这种情况下，异质解释与卖空限制会导致股价高估更加明显。此外，陈国进等还发现与坏消息相比，好消息公布后的盈余惯性对异质解释的敏感程度更高，然而他们并没有给出这一现象的合理解释。周晖等(2008)使用沪深两市 A 股上市公司公开披露的 2001～2006 年半年报和年报为样本，以意外成交量为意见分歧代理变量，发现投资者意见分歧与盈余公告后较长时间区间内的累积超额收益正相关。另外，对于好消息而言，投资者意见分歧与盈余公告后较长时间区间内的累积超额收益正相关；对于坏消息而言，投资者意见分歧与盈余公告后较长时间区间内的累积超额收益负相关。可见国内学者关于投资者异质解释与公告后股票收益关系的研究并未达成一致。

另外，已有研究大都没有考虑流动性因素对检验结果的影响。而实际上流动性可以从以下两方面对投资者异质解释与盈余惯性关系产生影响：一是流动性的高低决定着套利交易的成本，股票市场的错误定价往往伴随着较低流动性，这是因为大规模的套利交易会使流动性较低的股票价格向不利于套利者的方向变动，从而侵蚀套利收益；二是流动性低意味着市场买卖行为对价格的冲击较大，异质解释引起的乐观投资者在公告期间的买入行为会使流动性差的股价进一步上涨，而这些投资者在公告后的卖出行为又会导致公告后价格出现更大幅度的回落。另外，国内研究采用的样本期间较短，对于新兴市场国家股票市场而言，证券市场的交易制度、上市公司数量以及投资者行为和构成都处于不断变化之中，较短的时间区间很难涵盖这些因素对检验结果的影响。

9.1.2 研究假说

对于盈余公告而言，投资者对盈余信息的异质解释导致意见分歧的产生。基于 Miller(1977)的假说，在我国严格禁止卖空的股票市场上，投资者意见分歧会导致股价在公告期间被高估，公告后随着更多有关公司业绩信息的进一步披露，投资者的意见分歧程度逐渐收敛，股价会逐渐向其基础价值回归。投资者对盈余信息的异质解释程度越强，股价在公告期间被高估的幅度就越大，公告后股价向其基础价值回归的幅度也就越大。公告后股票持有时间越长，公司经营信息的披露越充分，股价向其基础价值的回归程度也就越明显。基于此，我们提出如下待检验假设。

假设 9-1：投资者对盈余信息的异质解释程度与盈余公告后股票的累积超额收益负相关，负相关程度随着公告后持有期的延长而逐渐增强。

Xu(2007)认为，每一类型投资者参与交易的概率与该类投资者在所有潜在投资者中所占比重成正比，这是因为该类投资者人数众多，每个投资者只承担一小部分股价反向变动的风险。对于不同消息类型而言，对好消息持乐观态度的投资者在所有投资者中所占的比重往往高于对坏消息持乐观态度投资者所占的比重。较多的乐观投资者使得每个投资者只需承担较低的风险，风险分散使得对好消息持乐观态度的投资者更有可能参与股票交易而买入股票，从而导致在公布好消息时股价高估程度较高。随着时间的推移，高估的股价会逐渐向其基础价值回归，公告期间股票收益被高估的幅度越高，其在公告后向基础价值回归的幅度越大。基于此，我们提出如下待检验假设。

假设 9-2：好消息组合中股票的公告后累积超额收益与投资者异质解释负相关的程度要高于坏消息组合中的股票。

Sadka 和 Scherbina(2007)发现，投资者意见分歧与当前股票收益的正相关关系以及与未来股票收益的负相关关系随着股票流动性的降低而逐渐增强，他们将这一现象归因为投资者交易行为导致的价格冲击。对于盈余公告而言，流动性低意味着市场交易行为对股价的冲击程度较大。其中，公告期间乐观投资者的超买行为会导致流动性差的股票出现较大幅度的上涨，而公告后这些投资者的超卖行为又会导致流动性差的股票出现较大幅度的下跌。也就是说，在考虑流动性因素后，股价变动的幅度除了包含投资者预期因素之外，还包含投资者交易行为对股票价格形成的价格冲击。基于此，我们提出如下待检验假设。

假设 9-3：与流动性水平较高的股票相比，公告期间异质解释引起的公告后股价向其基础价值回归的趋势在流动性水平较低的股票中表现更加明显。

9.2 样本选择与变量

9.2.1 样本选择

我们以沪深两市上市公司1997～2008年年报为研究对象，共12个报告期。本章研究所需的股票交易数据和财务数据全部来自于RESSET金融研究数据库。在具体选择样本的过程中，我们遵循以下原则：剔除金融保险类上市公司样本；剔除非正常交易(ST或PT)的公司样本；剔除年报公布超期的公司样本；剔除会计盈余指标缺失的样本。经过数据筛选后，得到9327个盈余公告样本。

9.2.2 变量构建

1. 异质解释变量

我们采用公告日附近3天([−1，0，1])的日均异常换手率作为投资者对盈余信息的异质解释变量，其具体计算方法为，盈余公告附近3个交易日的平均日换手率减去公告前190个交易日至公告前11个交易日的日均换手率。

2. 盈余公告后股价漂移

我们借鉴国内外研究的通行方法，采用公告后第2天至第N天的累积超额收益率作为盈余公告后股价漂移指标。其具体计算方法为

$$\mathrm{CARN}_i = \sum_{t=2}^{N+1}(R_{i,t} - R_{m,t}), N = 10,30,60$$

其中，CARN_i表示股票i从公告后第2天至公告后第$N+1$天的累积超额收益率；$R_{i,t}$表示股票i在第t天的日收益；$R_{m,t}$表示第t天的流通市值加权市场平均收益。

3. 意外盈余

吴世农和吴超鹏(2005)发现，我国投资者对盈余信息的反应依赖于盈余的度量方式，从而表现为“框架依赖偏差”。以往研究对意外盈余的度量方法大致分为两类：第一类是会计衡量法，它是用公司财务指标的实际数据与各种预测模型得到的预测数据之间的差值度量意外盈余；第二类是市场衡量法，它是用投资者对盈余信息的反应，即盈余公告日附近的平均收益来衡量意外盈余。采用市场衡量法时，当实际盈余高于预期盈余时为利好消息，股票收益为正，反之则为利空消息，股票收益为负。两种方法各有利弊：首先，对于会计衡量法而言，财务指标种类繁多，单一指标很难完整地反映上市公司经营状况，另外多数投资者盈利预期预测模型比较简单(如随机游走模型)，很难客观体现投资者的预测思维过程；而市场衡量法尽管能够反映市场对盈余信息未预期部分的惊讶反应程度，但是公告前后的收益变化还可能体现其他因素的影响(如投机交易及信念收敛等)。为

此，本章研究将同时采用会计衡量法和市场衡量法两种方式度量意外盈余。借鉴吴世农和吴超鹏(2005)的指标构建方法，我们使用会计衡量法中的每股收益变动百分比来表示意外盈余，其具体计算公式如下：

$$SUE1_{i,t}=\frac{EPS_{i,t}-EPS_{i,t-1}}{|EPS_{i,t-1}|}\times 100\%$$

其中，$SUE1_{i,t}$表示第 i 只股票在会计年度 t 使用会计衡量法计算得到的意外盈余；$EPS_{i,t}$表示第 i 只股票在会计年度 t 的每股收益。借鉴 Garfinkel 和 Sokobin (2006)以及 Anderson 等(2007)采用的市场衡量方法，以盈余公告当天及后一天的累积超额股票收益定义股票意外盈余，其具体计算方法如下：

$$SUE2_{i,t}=\frac{1}{2}\sum_{t=0}^{1}(R_{i,t}-R_{m,t})$$

其中，$SUE2_{i,t}$表示第 i 只股票在会计年度 t 使用市场衡量法计算得到的意外盈余；$R_{i,t}$表示股票 i 在第 t 天的日收益；$R_{m,t}$表示第 t 天的采用流通市值加权的市场平均收益。

4. 流动性

本章研究借鉴 Amihud(2002)的非流动性指标来度量资产的流动性。对于某一时期内股票的非流动性的具体计算方法如下：

$$ILLIQ_{i,t}=(1/D_{i,t})\sum_{t=1}^{D_{i,t}}|R_{i,t,d}/DVOL_{i,t,d}|\times 10^{10}$$

其中，$R_{i,t,d}$和 $DVOL_{i,t,d}$分别表示股票 i 在时期 t 的第 d 个交易日的收益率和交易量(以元为单位)；$D_{i,t}$表示股票 i 在时期 t 的有效交易天数。需要指出的是，我们采用的方法度量的是股票的非流动性，因此 ILLIQ 数值越大，说明流动性越差。

5. 其他控制变量

根据已有研究，发现公司规模(SIZE)、市/账比(MB)、动量效应(MOM)以及波动率(VOLATILE)也是盈余惯性的影响因素，因此将这 5 个变量作为控制变量。其中公司规模用年末流通股市值的自然对数表示，年末流通股市值的计算方法为年末股票收盘价与流通股股数的乘积；市/账比为年末流通股市值与公司净资产比值的自然对数，我们将市/账比为负的观测设为缺失值；动量效应用公告前 60 个交易日累积超额收益表示；波动率用公告前第 200 个交易日至公告前第 11 个交易日([−200，−11])经过值加权市场指数收益调整的股票日超额收益标准差表示。

所有变量中包含的极端值可能对检验结果产生负面影响。经验文献控制极端值的做法包括将变量分布两侧 1%的观测截除和对变量分布两侧 1%观测的进行 winsorize 处理。由于涉及变量较多，若将各关键变量前后 1%观测值截除，恐怕会损失过多的样本，从而降低检验结果的准确性。因此，我们主要采用 winsorize 方法，对变量极端值进行处理。

9.2.3 描述性统计

本章内容待检验变量的全样本描述性统计如表 9-1 所示，我们看到所有变量中观测数最多的是异质解释变量（ABVOL）、两个意外盈余变量（SUE1 和 SUE2）以及流动性变量(ILLIQ)，样本数为 9327。观测数最少的变量是市/账比的自然对数[Ln(MB)]，主要是因为在构建变量时将市/账比为负的观测设为缺失值。另外，我们发现对于两个意外盈余指标来说，其全样本均值都为负，说明从平均来看，意外盈余左偏。异质解释变量均值为正，说明从平均来看，盈余公告附近 3 天的日均换手率高于公告前 190 天([—200，—11])的日均换手率。

表 9-1 全样本描述性统计

变量	观测数	均值	标准差	最小值	中位数	最大值
CAR60	9326	—0.16	17.27	—136.13	—0.92	120.13
CAR30	9326	0.81	12.98	—126.42	—0.13	90.25
CAR10	9314	0.31	7.32	—82.12	—0.28	50.07
ABVOL	9327	0.53	1.33	—7.33	0.16	13.79
SUE1	9327	—0.81	10.95	—569.80	—0.06	274.00
SUE2	9327	—0.26	2.28	—10.50	—0.38	13.98
ILLIQ	9327	1.14	2.25	0.001	0.53	68.00
Ln(SIZE)	9291	20.90	1.14	17.92	20.72	28.13
Ln(MB)	9080	1.10	0.67	—0.65	1.04	5.92
MOM	9327	3.60	17.95	—110.86	1.70	261.58
VOLATILE	9326	2.16	0.83	0.30	2.08	26.91

Pearson 相关系数检验结果显示，公告后累积超额收益变量(10 天、30 天、60 天)均与异质解释变量负相关，并且随着持有期的延长，负相关程度逐渐加强，显著性水平逐渐提高，这一结果与待检验假设 9-1 基本吻合①。公告后累积超额收益与意外盈余的相关关系比较复杂，当使用市场衡量法度量意外盈余(SUE2)时，累积超额收益与意外盈余正相关，说明存在盈余公告效应，而当使用会计衡量法度量意外盈余(SUE1)时，相关性检验显示二者基本呈现负相关关系。这种不同意外盈余指标下的不同相关性结果证明，我国 A 股市场存在吴世农和吴超鹏(2005)提出的框架依赖偏差特征。

① Pearson 相关性检验结果显示，异质解释变量与公告后累积超额收益(10 天、30 天和 60 天)的相关系数分别为—0.01、—0.04 和—0.07，其显著性水平分别为不显著、在 10%水平下显著和在 1%水平下显著。

9.3 实证结果及分析

9.3.1 异质解释对公告后股价漂移的影响

我们首先对假设 9-1 进行检验。我们采用组合价差法构建异质解释投资组合，比较不同异质解释水平组合在不同持有期的累积超额收益。具体方法是：在每个会计年度，我们将所有横截面股票根据异质解释指标的大小构造 5 分位组合，计算每个异质解释 5 分位组合在持有期的等加权平均累积超额收益。然后，我们再对所有会计年度异质解释组合的累积超额收益进行加权平均，从而得到整个样本区间异质解释 5 分位组合的收益，加权平均的权重为每个会计年度样本股票数量。具体的计算结果见表 9-2。

表 9-2　不同持有期下的异质解释组合累积超额收益(单位：%)

异质解释组合	CAR10	CAR30	CAR60
1(低)	0.16	−0.02	0.19
2	0.29	1.80***	1.12
3	0.36	1.60***	0.56
4	0.49	0.91***	−0.14
5(高)	0.16	−0.65	−2.75**
高−低	0.001	−0.64	−2.94***

* 表示在 10%水平下显著；** 表示在 5%水平下显著；*** 表示在 1%水平下显著

表 9-2 显示，异质解释对冲组合收益随着持有期的延长经历了一个由正到负的过程，并且显著性逐渐增强。当持有期为 60 天时，异质解释对冲组合收益为 −2.94%，折算成年收益率大致等于 −12%①，说明异质解释程度最高的组合与异质解释最低组合相比，在公告后 60 个交易日获得的显著的低收益。这一结论与陈国进等(2008)的检验结果类似，不同的是陈国进等(2008)选择的持有期较长(公告后 30、60 和 90 个交易日)，将本章的检验结果与第 8 章的结果结合到一起，恰好构成了股价由被高估到逐渐趋于理性的全过程②。

组合价差法直观、简便，能够较好地反映投资者异质解释程度对公告后股价漂移的影响规模，但是这种方法存在一定缺陷，它无法反映其他影响股价因素对

---

① 我们取年度交易日天数为 250 天，则对冲组合年收益的简单计算为 $R_{i,y}=R_{i,n}\times\frac{250}{n}$，$n=10$，30，60，其中，$R_{i,y}$为对冲组合的年收益，而 $R_{i,n}$为对冲组合在持有期为 n 的时间区间上的累积超额收益。

② 第 8 章的检验结果说明异质解释导致股价在公告期间被高估，高估程度与投资者异质解释程度正相关。而本章的检验结果说明公告期间被高估的股票在公告后逐渐向其基础价值回归，回归幅度与公告期间投资者的异质解释程度正相关。

检验结果的影响。为此，我们将通过构建回归模型的方法对组合价差法的结论进行进一步检验，回归方程构建如下：

$$\begin{aligned}\mathrm{CARN}_{i,t}=&\alpha+\beta_1\mathrm{Ln(SIZE)}_{i,t}+\beta_2\mathrm{Ln(MB)}_{i,t}+\beta_3\mathrm{MOM}_{i,t}+\beta_4\mathrm{VOLATILE}_{i,t}\\&+\beta_5\mathrm{SUE}_{i,t}+\beta_6\mathrm{ABVOL}_{i,t}+\varepsilon_{i,t}\end{aligned}\tag{9-1}$$

表 9-3 给出了采用会计衡量法度量意外盈余的全样本回归分析结果。我们发现，无论股票持有期如何设定，回归方程在引入异质解释变量后，拟合优度都有所增加。以持有期为 60 天的回归结果为例，不包括异质解释变量的回归结果调整后的 R^2 值为 0.0591，而在引入异质解释变量后，调整后的 R^2 值达到 0.0720，回归方程的拟合优度显著增加。同样的情况也出现在采用市场衡量法度量意外盈余的分析中。随着持有期的延长，累积超额收益与异质解释的负相关程度也逐渐增加(系数绝对值逐渐增加)，显著性逐渐增强。这说明投资者异质解释引起的公告期间意见分歧在公告后随着时间的延长而逐渐收敛。这是因为，盈余公告后经历的时间越长，关于公司未来经营的信息披露越充分，市场上投资者的意见分歧收敛程度越高，从而导致原来股价被高估的股票向其基础价值回归的程度越明显。因此，我们证明假设 9-1 成立。

表 9-3 不同持有期下引入异质解释变量前后的回归结果

变量	CAR10		CAR30		CAR60	
	1	2	3	4	5	6
INTERCEPT	2.27	2.88	9.20**	11.40**	6.04	8.96
	(0.80)	(0.98)	(2.28)	(2.59)	(0.70)	(1.06)
Ln(SIZE)	−0.28	−0.30	−1.00*	−1.09*	−0.49	−0.60
	(−0.86)	(−0.91)	(−1.93)	(−2.05)	(−0.54)	(−0.67)
Ln(MB)	−0.56*	−0.58**	−1.23	1.32	−1.60**	−1.69**
	(−2.18)	(−2.23)	(−1.78)	(−1.77)	(−2.31)	(−2.26)
MOM	−0.001	0.003	−0.03	−0.01	−0.01	0.01
	(−0.05)	(0.26)	(−1.36)	(−0.62)	(−0.56)	(0.32)
SUE	−18.62***	−18.62***	−33.42***	−33.90***	−31.53**	−32.71**
	(−5.57)	(−5.57)	(−3.61)	(−3.69)	(−2.36)	(−2.38)
VOLATILE	20.90	13.47	−43.68	−71.90	−84.02	124.93
	(0.73)	(0.42)	(−0.95)	(1.51)	(−0.80)	(1.21)
ABVOL		−0.30		−1.12***		−2.01***
		(1.80)		(−3.95)		(−6.16)
调整后的 R^2 值	0.0313	0.0375	0.0459	0.0558	0.0591	0.0720
平均观测数	867	867	867	867	867	867

* 表示在 10%水平下显著；** 表示在 5%水平下显著；*** 表示在 1%水平下显著

注：括号内为 t 统计量

表9-4和表9-5给出了事件期为[－2，2]和[－3，3]时的分组结果和回归分析结果。结果显示，对于事件期为[－2，2]和[－3，3]而言，异质解释组合收益差随着持有期的延长而逐渐降低(绝对值增加)，显著性水平也随之逐渐增强。对于事件期为[－2，2]和[－3，3]而言，异质解释变量系数绝对值和显著性水平随着持有期的延长而逐渐增加。可见，不同事件期的选取不会对上述研究结果的稳健性产生影响。

表9-4 不同事件期设定下的稳健性分析结果(事件期[－2，2])

异质解释水平	CAR10	CAR30	CAR60
1(低)	0.27	0.19	0.35
2	0.49	1.54***	0.83
3	0.69	1.97***	1.24
4	0.45	0.96***	－0.50
5(高)	0.09	－1.01	－3.00*
高－低	－0.18	－1.20**	－3.35**
INTERCEPT	4.45	12.84***	9.79
	(1.67)	(3.20)	(1.26)
Ln(SIZE)	－0.45	－1.18**	－0.62
	(－1.37)	(－2.42)	(－0.73)
Ln(MB)	－0.53**	－1.43*	－1.62*
	(－2.29)	(－1.97)	(－2.12)
MOM	0.001	－0.01	0.01
	(0.11)	(－0.59)	(0.34)
SUE	－20.19***	－31.99***	－30.45*
	(－4.47)	(－3.42)	(－2.14)
VOLATILE	－3.82	－94.48**	－153.47
	(－0.19)	(－2.66)	(－1.67)
ABVOL	－0.40*	－1.48***	－2.42***
	(－2.20)	(－4.49)	(－7.05)
调整后的R^2值	0.0359	0.0529	0.0693
平均观测数	867	867	867

*表示在10%水平下显著；**表示在5%水平下显著；***表示在1%水平下显著

注：括号内为t统计量

表9-5 不同事件期设定下的稳健性分析结果(事件期[－3，3])

异质解释水平	CAR10	CAR30	CAR60
1(低)	0.23	0.21	0.47
2	0.50**	1.25***	0.97

续表

异质解释水平	CAR10	CAR30	CAR60
3	0.90***	2.24***	1.01
4	0.56*	1.00**	−0.32
5(高)	0.08	−1.31*	−3.26*
高一低	−0.15	−1.52**	−3.73***
INTERCEPT	3.91	11.71**	9.60
	(1.44)	(3.02)	(1.24)
Ln(SIZE)	−0.39	−1.06*	−0.57
	(−1.11)	(−2.18)	(−0.67)
Ln(MB)	−0.67**	−1.52*	−1.71**
	(−2.77)	(−2.22)	(−2.24)
MOM	0.004	−0.01	0.01
	(0.35)	(−0.59)	(0.47)
SUE	−17.14***	−28.76**	−26.57*
	(−4.26)	(−3.08)	(−1.91)
VOLATILE	7.81	−79.93**	−152.16
	(0.41)	(−2.30)	(1.67)
ABVOL	−0.58**	−1.69***	−2.76***
	(−2.93)	(−4.99)	(−6.94)
调整后的 R^2 值	0.0338	0.0500	0.0677
平均观测数	867	867	867

* 表示在 10%水平下显著；** 表示在 5%水平下显著；*** 表示在 1%水平下显著

注：括号内为 t 统计量

9.3.2 公告后股价漂移对好、坏消息的不同反应

为了比较好消息和坏消息条件下公告后股价漂移对异质解释反应，我们首先基于意外盈余将所有样本进行分组。其中，将意外盈余为正的样本作为好消息组合，而将意外盈余为负的样本作为坏消息组合。比较好消息组和坏消息组中异质解释组合的收益情况，表 9-6 和表 9-7 分别给出了采用会计衡量法和市场衡量法度量意外盈余的分组结果。结果显示，无论采用何种意外盈余分类方法，异质解释组合收益差都随着持有期的延长而逐渐降低(绝对值增大)，并且显著性水平也随之逐渐上升。这一检验结果与全样本检验结果(表 9-2)一致。最终结果显示，异质解释与公告后股价漂移的负相关关系在好消息组和坏消息组中分别存在，也就是说，二者之间的负相关关系并不受盈余信息内容的影响。从异质解释对公告后股价漂移的作用规模来看，在事件期为[−1，1]时，异质解释对坏消息的影响强于好消息，这一检验结果与假设 9-2 相矛盾。

表 9-6　异质解释组合累积超额收益在好消息和坏消息时的表现(会计衡量法)(单位:%)

异质解释	CAR10		CAR30		CAR60	
	好	坏	好	坏	好	坏
1(低)	−0.45	0.61*	−0.51	0.31	−0.15	0.36
2	−0.11	0.51	1.33***	1.94**	0.69	0.97
3	0.30	0.53	2.13***	1.54	1.24	0.73
4	0.48	0.43	0.78	1.08*	−0.44	0.21
5(高)	0.15	0.27	−0.64	−0.46	−2.65**	−2.61*
P5−P1	0.60	−0.34	−0.13	−0.77	−2.50*	−2.97***

* 表示在 10%水平下显著；** 表示在 5%水平下显著；*** 表示在 1%水平下显著

表 9-7　异质解释组合累积超额收益在好消息和坏消息时的表现(市场衡量法)(单位:%)

异质解释	CAR10		CAR30		CAR60	
	好	坏	好	坏	好	坏
1(低)	−0.03	0.24	0.02	0.12	0.29	0.08
2	0.20	0.33	1.38**	1.67***	0.51	1.05
3	0.42	0.29	1.73**	1.69***	0.90	1.09
4	0.49	0.54	1.22***	0.71	−0.56	−0.74
5(高)	0.53	0.01	−0.06	−0.97**	−2.00	−2.86**
P5−P1	0.56	−0.23	−0.08	−1.09	−2.29*	−2.94***

* 表示在 10%水平下显著；** 表示在 5%水平下显著；*** 表示在 1%水平下显著

表 9-8 和表 9-9 给出了事件期设定为[−2，2]和[−3，3]时的分组结果。检验结果显示，无论采用何种方法(会计衡量法或市场衡量法)衡量好、坏消息，异质解释与公告后股价漂移的负相关关系在好消息组和坏消息组中分别存在，也就是说，二者之间的负相关关系并不受盈余信息内容的影响。但是，从异质解释对好消息和坏消息公告后股价漂移的作用规模来看，不同事件期和意外盈余衡量方法会对结果产生重要影响，我们无法据此判断公告后股票收益对好消息和坏消息反应的相对强度，因此，检验结果并不支持假设 9-2。

表 9-8　异质解释组合在好、坏消息时的稳健性分析结果(事件期[−2，2])(单位:%)

会计衡量	CAR10		CAR30		CAR60	
异质解释	好	坏	好	坏	好	坏
1(低)	−0.13	0.49	0.09	0.04	0.28	0.11
2	−0.06	0.94**	1.33***	1.80**	0.87	0.80
3	0.43	0.84**	1.94***	2.17***	1.11	1.44
4	0.43	0.57*	1.23*	0.83	−0.06	−0.39
5(高)	−0.07	0.28	−1.24**	−0.69	−3.17**	−2.73

续表

会计衡量	CAR10		CAR30		CAR60	
异质解释	好	坏	好	坏	好	坏
高一低	0.06	−0.21	−1.33*	−0.73	−3.45**	−2.84**

市场衡量	CAR10		CAR30		CAR60	
异质解释	好	坏	好	坏	好	坏
1(低)	−0.08	0.49	1.86***	0.31	−0.02	0.43
2	0.63*	0.37	1.86***	1.63**	0.78	1.07
3	0.49	0.83**	2.23***	2.14***	1.52	1.45
4	0.42	0.45	0.75*	0.62*	−0.93	−0.95
5(高)	0.52	−0.14	0.94	−0.98**	−2.64*	−2.93*
高一低	0.60	−0.64	−0.58	−1.29**	−2.61*	−3.36***

*表示在10%水平下显著；**表示在5%水平下显著；***表示在1%水平下显著

表 9-9 异质解释组合在好、坏消息时的稳健性分析结果(事件期[−3，3])(单位:%)

会计衡量	CAR10		CAR30		CAR60	
异质解释	好	坏	好	坏	好	坏
1(低)	−0.16	0.45	0.26	−0.10	0.59	−0.02
2	0.23	0.90**	1.49***	1.53**	1.48**	0.93
3	0.62	0.92***	1.84***	2.44***	0.56	1.62
4	0.58	0.61	1.46**	0.60	0.34	−0.79
5(高)	−0.13	0.30	−1.73***	−0.81	−3.43**	−2.99
高一低	0.03	−0.15	−1.99**	−0.71	−4.02**	−2.97**

市场衡量	CAR10		CAR30		CAR60	
异质解释	好	坏	好	坏	好	坏
1(低)	0.13	0.32	−0.14	0.26	0.29	0.64
2	0.67**	0.46*	1.39**	1.62***	0.46	1.23*
3	0.72**	0.93**	2.37***	1.98***	1.53	0.83
4	0.53	0.62*	0.93**	0.76**	−0.85	−0.60
5(高)	0.49	−0.25	−0.96	−1.37**	−2.76	−3.08
高一低	0.36	−0.56	−0.82	−1.63**	−3.05**	−3.72**

*表示在10%水平下显著；**表示在5%水平下显著；***表示在1%水平下显著

9.3.3 股票流动性的影响

为了考察流动性对检验结果的影响，我们根据非流动性指标(ILLIQ)和异质解释(ABVOL)对样本进行二维顺序分组。具体分组方法为：在每个报告期，我们首先将样本股票按照投资者异质解释程度分成3组。然后再对每个异质解释组合按照组合中样本股票的流动性水平进行二次分组，这样我们在每个报告期就得到 3×3 个二维(异质解释-流动性)投资组合，将每个组合中样本股票的等加权平均收益作为该组合在当前报告期的组合收益；将每个3×3组合的时间序列加权平均收益作为该类组合在样本期(11 个会计年度)的组合收益，加权平均的权重为每个报告期样本股票的数量。需要注意的是，本节分析中采用的流动性指标是用来衡量股票非流动性水平的，该指标数值越高，说明股票的流动性越差。由于较短持有期(N=10，30)的全样本检验结果不够显著，因此我们只分析持有期为 60 天的情况。

表 9-10 给出了事件期为[−1，1]时，基于流动性和异质解释的二维分组结果。我们看到，在控制流动性水平后，组合收益基本上随着异质解释水平的升高而逐渐降低，异质解释最高组合在公告后 60 天累积超额收益都低于异质解释最低组合的收益，基于异质解释构建的对冲组合收益都为负，这与表 9-2 全样本检验结果相吻合，说明异质解释与公告后股票收益的负相关关系并不因流动性水平的改变而变化。更为重要的是，随着流动性水平的降低(由左至右)，对冲组合收益呈现逐渐下降的趋势(绝对值增加)。其中，流动性最低的异质解释对冲组合收益为−3.07%，并且在 1%水平下显著，显著低于流动性最高的异质解释组合对冲收益(−1.09%)。表 9-10 的检验结果说明，异质解释对公告后股价漂移的作用规模随着股票流动性水平的降低而逐渐增强，从而支持了待检验假设 9-3 的结论。

表 9-10　基于投资者异质解释和流动性的二维顺序分组结果(单位：%)

异质解释	非流动性		
	低	中	高
低	−0.47	0.30	1.74
中	0.13	0.08	1.35
高	−1.56	−2.35	−1.33
高−低	−1.09	−2.65***	−3.07***

* 表示在 10%水平下显著；** 表示在 5%水平下显著；*** 表示在 1%水平下显著

实际上，流动性可以从以下两方面对投资者异质解释与盈余惯性关系产生影响：一是流动性的高低决定着套利交易的成本，股票市场的错误定价往往伴随着较低流动性，这是因为大规模的套利交易会使流动性较低的股票价格向不利于套利者的方向变动，从而侵蚀套利收益；二是流动性低意味着市场买卖行为对价格的冲击较大，异质解释引起的乐观投资者在公告期间的买入行为会使流动性差的股价进一步上涨，而这些投资者在公告后的卖出行为又会导致公告后价格出现更大幅度的回落。由于我国长期以来实行较为严格的卖空限制，在这种情况下，投资者无法通过卖空交易针对投资者异质解释导致的错误定价进行套利交易，因此，前一种影响并不适合我国A股市场。相比较而言，第二种影响更适合A股市场的实际情况，异质解释导致的公告期间乐观投资者的超买交易对流动性较差的股票构成较大正向的价格冲击，从而导致这类股票在公告期间被高估的幅度较高。而公告后乐观投资者的超卖行为会对股票形成较大的负向冲击，从而导致这类股票在公告后下跌的幅度较高，也就是说，低流动性会对公告后股票收益与公告期间投资者异质解释的负相关关系产生放大效应。

表9-11分别给出了事件期为[－2，2]和[－3，3]时的二维分组结果。我们看到，不同的事件期设定并未对检验结果产生显著影响，说明检验结果在不同事件期设定下具有稳健性。

表9-11 二维顺序分组在不同事件期设定下的稳健性分析结果(单位：%)

[－2，2]	非流动性		
异质解释	低	中	高
低	－0.28	0.18	1.47
中	0.51	0.38	1.88
高	－1.61*	－2.41	－1.63
高－低	－1.33	－3.02**	－3.11**
[－3，3]	非流动性		
异质解释	低	中	高
低	－0.44	0.12	1.79
中	0.88	0.52	1.52
高	－1.62	－3.04	－1.77
高－低	－1.18	－3.16**	－3.56**

* 表示在10%水平下显著；** 表示在5%水平下显著；*** 表示在1%水平下显著

9.4 结　论

本章内容为盈余惯性的研究注入了新的内容，在传统的风险定价学派和行为金融学派研究的基础上引入了投资者异质解释变量，将公告期间的异常换手率与公告的股价漂移联系起来，从而丰富了这一领域的研究内容。本章的检验结果说明：①在我国完全禁止卖空的股票市场上，投资者对盈余信息的异质解释与盈余公告后的股价漂移负相关，负相关程度随着持有期的延长而逐渐增强，从而为Miller(1977)的假说提供了经验证据；②盈余信息类型不会对异质解释与公告后股价漂移的关系产生影响，二者之间的负相关关系在好消息和坏消息组中都存在；③流动性水平会对异质解释与盈余公告后的股价漂移的关系产生影响，随着股票流动性程度的降低，异质解释对盈余公告后的股价漂移的影响更加明显。

第 10 章

异质解释与公告期间股价对好、坏消息的非对称反应

信息是决定股票价格的重要因素。有效市场假说理论认为，市场上所有参与者对其所掌握信息的反应都会体现在股票价格中。在强式和半强式有效的股票市场中，股票价格包含所有公开披露的信息，这类信息在披露后会立刻反映在股票价格的变动中。在这种情况下，如果我们按照投资者的预期与信息实际披露内容的比较将信息分为好消息和坏消息，那么规模相等的好消息和坏消息对股票价格的影响应该是相同的。而在弱式有效市场上，各种原因导致的投资者对信息的反应不足或反应过度会使股票收益对同等规模的好消息和坏消息的反应表现出不对称性的特征。

国外研究发现，好消息与坏消息对股价波动的影响是不对称的，这种不对称性特征在许多国家和地区的股票市场都存在，如丹麦、挪威、瑞典、芬兰(Booth et al.　1997)、希腊(Koutmos et al.　1993)、美国(Cheung and Ng　1992)、加拿大、法国、日本(Koutmos　1992)、英国(Poon and Taylor　1992)、中国香港和中国台湾(Yeh and Lee　2001)。然而已有文献在股票收益对好、坏消息反应的相对强度的研究方面得到的结论却并不一致，总体来说，认为坏消息对股票收益波动影响较大的文献居多(陆蓉和徐龙炳　2004)。

在国外研究基础上，国内学者也对A股市场股价对好、坏消息的非对称反应进行了研究，发现与国外股票市场一样，中国A股市场也存在股票收益对好、坏消息的非对称反应。从研究方法来看，国内学者主要基于Engle(1982)和Bollerslev(1986)提出的ARCH和GARCH模型，并使用股票收益的正向和负向冲击作为好、坏消息的衡量指标。例如，吴林祥和徐龙炳(2002)发现，股票价格对可能导致股价涨停的信息存在过度反应，而对可能导致股价跌停的信息不存在过度反应；胡金炎(2002)发现，A股市场的“政策市”特征导致股票收益对利空政策信息存在延迟反应；陆蓉和徐龙炳(2004)发现，牛市阶段股票市场的非对称

反应体现为利好消息对股票市场的影响大于利空消息对股票市场的影响，而熊市阶段股票市场的非对称反应体现为利好消息对股票市场的影响小于利空消息对股票市场的影响。朱永安和曲春青(2003)采用 GJR、GARCH-M 模型研究沪市数据发现，利空消息引起的股价波动大于利好消息引起的股价波动。而陈泽中等(2000)采用 GARCH-M 和 EGARCH 模型发现，正冲击所引起的波动要大于同等程度负冲击引起的波动。除此之外，也有研究以盈余公告为研究对象，使用意外盈余的正负符号作为好、坏消息的判定标准，采用事件研究方法对公告后股票收益对好、坏消息的反应进行研究。杨德明等(2007)以上市公司披露的业绩预告信息为研究对象，发现对于披露利好消息的公司而言，预告后的累积超额回报与意外盈余的关系显著为正，而对于披露利空消息的公司而言，预告后的累积超额回报与意外盈余的关系不显著，说明市场对好、坏消息的非对称反应对盈余惯性产生了影响。孔东民和柯瑞豪(2007)研究了投资者类型对盈余公告后股票收益对好、坏消息非对称反应的影响，发现机构投资者进一步驱动了好消息下的价格漂移，而个人投资者进一步驱动了坏消息下的价格漂移。与国外学者相比，国内学者在研究结论方面还存在较大的分歧，不同样本期或不同研究方法的选择都会使检验结果出现较大的差异。

本章研究以上市公司定期披露的盈余公告为研究对象，从卖空限制与投资者对盈余信息的异质解释的角度对公告期间与公告后股票收益对好、坏消息的非对称反应进行研究。有别于国内已有研究，本章内容并没有纠结于单独检验股价究竟对何种消息类型的反应更为强烈，而是考虑了投资者对信息异质解释这一因素，研究对不同异质解释水平股票对好、坏消息反应的差异。

10.1 理论分析和研究假说

10.1.1 理论分析

1. 理性预期假说：杠杆效应和正反馈效应

Black(1976)和 Christie(1982)首次基于杠杆效应(leverage effect)对股票收益对好、坏消息的非对称反应进行了解释，其基本思想是：利空(坏)消息披露引起的股价下跌会提高上市公司的财务杠杆比率，杠杆比率的降低意味着股票未来波动率(风险)的上升。然而单纯的杠杆效应并不能解释股票收益对好、坏消息的非对称反应，要合理解释这一现象，还必须把杠杆效应与波动反馈效应(volitility feedback effect)相结合。波动反馈效应的基本思想是：预期波动率(风险)的上升会提高投资者当前持有股票所要求得到的收益率，从而导致当前股价下跌(Potberba and Summers　1986；French et al.　1987)。基于这一理论，利空信息引起的股价下跌幅度由信息本身导致的股价下跌和杠杆效应及其引起的波动反馈效应导致的股价下跌两部分构成，在这种情况下，股票收益对坏消息的反应要强于好消息。

实际上，波动反馈效应本身也可以单独解释股价对好、坏消息的非对称反应。Campbell 和 Hentschell(1992)构造了一个简单的模型说明其中的原理：假设市场出现了关于某上市公司未来股利支付的重大利好消息，由于重大消息往往连续出现(波动率的持续性)，因此重大利好消息会增加投资者对公司股票未来收益的期望波动率。期望波动率的上升意味着股票未来风险的增加，这会提高投资者当前持有股票所要求的回报率。在这种情况下，当前股价会下跌，从而抵消利好消息对当前股价的正向作用。而对于重大利空消息而言，当前股价下跌意味着未来股票收益波动率的上升，投资者持有股票会要求获得较高的未来收益。在这种情况下，波动反馈效应会使当前股价下跌，从而进一步增强股票收益对利空消息的反应强度。

Wu(2001)将杠杆效应和波动反馈效应纳入同一研究框架，得出股票收益的非对称反应由杠杆效应和波动反馈效应共同决定的结论，并采用矩量仿真的方法为理论研究提供了经验支持。同样，国内学者以 A 股市场为研究对象，验证了杠杆效应和波动反馈效应在我国股票市场的适用性。其中，丁娟(2003)分别采用 TARCH 模型和 EGARCH 模型，分析了沪市收益率的波动特征，验证了信息对股票收益率非对称性的影响，并证明了杠杆效应的存在。类似的，万蔚和江孝感(2007)以上证综合指数和深圳成分指数为研究对象，运用 EGARCH 模型、TARCH 模型和 GARCH 模型发现，沪深两市股票指数收益率在 1%的显著性水平下存在“杠杆效应”，利空消息比利好消息对波动的影响更大，而且沪市的杠杆效应比深市影响更大。而陈泽中等(2000)采用 GARCH-M 模型和 EGARCH 模型发现，正冲击所引起的波动要大于同等程度负冲击引起的波动，并不支持杠杆效应和波动反馈效应。刘毅(2008)发现，我国股市不仅存在负面消息冲击大于正面消息冲击的现象，而且也存在正面消息大于负面消息的现象。可见，国内研究在这两种效应的经验证据方面还存在较大分歧，杠杆效应和波动反馈效应并不能很好地解释我国 A 股市场股票收益对好、坏消息的非对称反应现象。

2. 行为金融说：反应不足和反应过度

有效市场假说根据股价对信息的反应将股票市场分为强式有效市场、半强式有效市场和弱式有效市场。在弱式有效市场中，利好消息和利空消息对股价的影响不同，存在波动的非对称性。有效市场假说的重要前提是投资者是理性的，包括投资者能够获得完全无偏的信息、个人情感不会影响决策、偏好稳定等三方面假设(兆文军和于奇 2008)。然而理性投资者假设在现实生活中很难成立，投资者情绪和非理性因素往往会对投资者的决策产生影响，从而使股票收益对信息的反应出现反应过度或反应不足的现象。

Gervais 等(2002)将过度自信定义为投资者坚信自己的判断比事实更准确，即对自身信息赋予的权重大于事实上的权重。李心丹等(2002)发现，中国投资者进行一些并非能够带来收益最大化的交易，这种非理性的交易行为可能来自对自己能力的过度自信。兆文军和于奇(2008)认为，当投资者产生了过度自信的心理后，会重视能够强化其自信的信息，而忽视有损其自信的信息。在这种情况下，投资者倾向于不愿承认投资决策失误，从而表现为对某些信息反应过度或反应不足，这也会导致好消息和坏消息对股价产生不同的影响。

“羊群效应”指的是在信息不对称情况下，投资者行为会受到其他投资者的影响，也就是说，投资者的决策往往并不是从自身的最优价值判断出发，而是首先推测其他交易者的判断(Scharfstein and Stein 1990；Banerjee 1992)。这一行为是由于在群体一致性的压力下，个体寻求试图解除自身与群体之间的冲突、增强安全感的手段。陆蓉和徐龙炳(2004)认为，“羊群效应”是导致我国股票市场对利空消息和利好消息非对称反应在牛市和熊市阶段具有不同表现的原因。牛市阶段股票市场的非对称反应体现为利好消息对股票市场的影响大于利空消息对股票市场的影响；而熊市阶段股票市场的非对称反应体现为利好消息对股票市场的影响小于利空消息对股票市场的影响。

类似的，“正反馈交易”也会对股价的非对称反应产生影响(De Long et al. 1990)。正反馈交易是建立在适应性预期基础上的，即由于过去价格上涨会使投资者产生未来价格进一步上涨的预期，反之亦是。基于这一理论，牛市中股价的持续上涨会使投资者产生股价进一步上涨的预期，从而导致投资者对好消息的反应更加强烈，而熊市中股票价格的持续下跌会使投资者产生价格进一步下跌的预期，从而竞相抛售手中持有的股票。投资者这种追涨杀跌的交易特征使得股票收益对好、坏消息的非对称反应在股市的不同阶段表现出不同的特征。

所谓“处置效应”，指的是投资者倾向于卖出当前盈利的股票，而持有当前亏损的股票。陈斌等(2002)的问卷调查结果显示，个人投资者在处理被套股票的方式上，选择“长期持有，直到解套”的投资者数量最大，选择“不断补仓，拉低成本”的投资者数量次之，而选择“忍痛割肉”的投资者数量最少。因此，当好消息披露引起股价上涨时，原先被套牢的投资者一旦解套，就倾向于迅速抛出手中持有的股票，以锁定盈利，而当公布利空消息引起股价下跌时，投资者倾向于继续持有股票直至解套。投资者的这种非理性倾向必然会对股票收益的非对称反应产生影响。

尽管行为金融理论为我们解释股票收益对好、坏消息的非对称反应提供了一个全新的思路，但是在实践中，投资者往往同时表现出多种心理和行为偏差，因此无法有效地区分某一具体的心理和行为偏差对股价最终变化的影响。由于不同的心理和行为偏差引起的股价非对称反应可能截然相反，因此我们无法基于行为金融理论对股票收益非对称反应相对强度做出合理判断。

3. 微观结构说：卖空限制

微观结构理论从交易制度对投资者信息更新和信念修正的影响的角度解释股价的形成机制。尽管大多数股票市场都允许投资者进行卖空交易，但是卖空交易也是有成本的。传统的观点(Miller　1977；Figlewski　1981)认为，卖空成本的存在会在一定程度上阻碍悲观投资者将其信念完全体现在股价中，从而使股价因为体现乐观性偏差而上偏。张维和张永杰(2006)认为，A 股市场存在的严格的卖空限制使得投资者不能在坏消息到来时进行反向操作，减弱了坏消息对市场的冲击，最终导致好消息对股价的冲击较大。陆蓉和徐龙炳(2004)认为，卖空限制的存在使投资者只能随波逐流、追涨杀跌，这种单向交易方式会加剧股市风险的单向积累，从而导致股价对好、坏消息的非对称反应在牛市和熊市具有不同的表现形式。可见，以上研究认为卖空限制会缓解坏消息对股票价格的冲击，从而导致好消息对股票价格的冲击强于坏消息所带来的冲击。

然而，以上观点似乎过于简单，股票市场中其他因素与卖空限制彼此交织，可能会对股价的非对称反应产生更为复杂的影响。Diamond 和 Verrecchia(1987)将卖空限制与信息不对称理论结合起来构建理论模型，认为卖空限制阻碍了公告前股票价格对私人信息(尤其是利空私人信息)的调整速度，从而导致利空消息引起的股价冲击大于利好消息引起的冲击。我们简单地描述一下 Diamond 和 Verrecchia 模型的基本思想：假设市场存在两类投资者，即知情投资者和非知情投资者，其中，所有知情投资者都能够观测到相同的私人信息，而非知情投资者只能观测到公开信息。在信息披露之前，知情投资者提前获悉信息披露的内容，从而能够先于非知情投资者形成未来股票收益的预期。如果信息的内容是利好消息，知情投资者可以提前购入股票并持有至股价上涨到预期值，知情投资者的买入行为会使其信念体现在公告前股价变动中。而如果信息的内容是坏消息，卖空限制的存在会使知情投资者无法通过卖空交易将其信念完全体现在公告前的股价中。也就是说，卖空限制实际上阻碍了信息披露前股价对坏消息的调整速度。当信息正式公布时，所有投资者都获悉信息的具体内容，并调整其预期，在这种情况下，投资者之间的信息不对称消失，股价将迅速调整到位并体现所有投资者的信念。对于利好消息而言，股价调整幅度将只体现非知情投资者信念的变动。而对于利空消息而言，股价调整幅度除了体现非知情投资者的信念之外，还要体现公告前知情投资者隐藏的信念，从而导致股价的调整幅度大于利好消息引起的调整幅度。Reed(2007)以美国股票市场为研究对象，为 Diamond 和 Verrecchia 的研究提供了经验支持。

然而，Diamond 和 Verrecchia(1987)只考虑非对称信息对股价非对称反应的影响，认为卖空限制会在公告前阻碍知情投资者对即将公布坏消息的股票进行卖空交易，从而使公告前股价出现反应不足。而一旦信息披露，投资者之间的信息不对称消失，股价会迅速调整到新的均衡价格。Diamond 和 Verrecchia 忽略了投资者对盈余信息异质解释的影响，而第 8 章的内容证明，异质解释的存在可能会导致股票在信息披露期间出现对其均衡价格进一步偏离。

4. 股价非对称反应的异质解释说

Zhang(2006)认为，从公开信息中得到有关公司未来价值的估计十分复杂(即使对于老练投资者也是如此)，因而投资者面对相同的盈余信息时可能会得到不同的结论。Xu(2007)首次从卖空限制和投资者对信息异质解释的角度对公开信息披露期间股价的非对称反应做出解释。在其模型中，Xu 假设投资者对于股票未来价值的先验信念方面具有共识，但是在可观测公共信号准确度的判断方面存在差异。当公布的信息为“好消息”时，乐观投资者会对信息的准确性给出较高的评价，在存在卖空限制的情况下，股价将反映乐观投资者的信念。反之，当观测到的信息为“坏消息”时，乐观投资者会对信息的准确性给出较低的评价，在存在卖空限制的情况下，股价仍将反映这部分投资者的信念。也就是说，在好消息条件下，股价上涨反映的是那些对信息反应最强烈的投资者的信念；而在坏消息条件下，股价下跌反映的是那些对信息反应最弱的投资者的信念。这种投资者反应的非对称性源自卖空限制和对信息的不同解释，并且随着卖空限制和投资者异质解释程度增加而加强。基于此，Xu 预测在其他条件不变的情况下，资产价格对好消息的反应强度应高于对坏消息的反应，这种价格反应的非对称性随着投资者对公告信息解释的异质程度以及卖空限制程度的增加而更加明显。Chang 等(2009)以美国股票市场为研究对象，为 Xu 的理论结论提供了经验支持。

10.1.2 研究假说

Xu(2007)认为，卖空限制的存在会阻碍悲观投资者的信念反映在股价中，从而使公告期间股票收益因只反映乐观投资者的信念而被高估。在这种情况下，投资者对盈余信息的异质解释使得不同类型投资者在对盈余信息准确程度的判断上存在差异。对于好消息而言，乐观投资者认为盈余信息的准确度较高，其买入行为导致股价对好消息的反应较为充分；而对于坏消息而言，乐观投资者认为盈余信息准确度较低，因此其采取的交易行为会有所保留，从而导致股价对坏消息的反应不充分。投资者异质解释程度越高，股价的这种非对称反应越明显。然而，在不存在投资者对公开信息异质解释或异质解释程度较低的情况下，Diamond 和 Verrecchia(1987)认为，卖空限制的存在减少了知情交易数量，从而降低了公告前股价对私人信息(尤其是坏消息)的调整速度。在公告披露时，投资者之间的信息不对称消失，股价将调整到新的均衡价值。对于坏消息而言，公告期间股价变动除了反映盈余信息的内容外还需要反映公告前延迟的股价反应，从而导致公告期间股票收益对坏消息的反应要强于好消息。基于此，我们提出如下待检验假设。

假设 10-1：在不存在投资者异质解释或异质解释程度较低的情况下，公告期间股票收益对坏消息的反应要强于对好消息的反应；而当投资者异质解释程度较高时，公告期间股票收益对好消息的反应要强于对坏消息的反应。

假设 10-1 说明，在我国完全禁止卖空的股票市场上，股票收益对好、坏消息的反应强度取决于投资者的异质解释程度，异质解释程度较高时，公告期间股票收益对好消息反应较强，而当异质解释程度较低时，公告期间股票收益对坏消息反应较强。而实际上，投资者的异质解释和卖空限制在公告后一段时间内仍会存在。其中，投资者的异质解释随着时间推移逐步得到解决(Miller　1977)，而卖空限制仍将持续存在。也就是说，公告后股价对盈余信息的右偏(right bias)反应仍将持续一段时间。随着时间推移，卖空限制的影响将逐渐超过异质解释的影响，股价对坏消息的反应强度将超过好消息。基于此，我们提出如下待检验假设。

假设 10-2：在公告后较短持有期内，假设 10-1 中股票收益对好、坏消息的非对称反应继续存在，随着持有期的延长，公告后股票收益对坏消息的反应强度逐渐超过对好消息的反应强度。

10.2　样本选择与变量

10.2.1　样本选择

我们以沪深两市上市公司披露 1997～2008 年年报为样本，共 12 个报告期。研究所需数据全部来自于 RESSET 金融研究数据库。在具体选择样本的过程中，我们遵循以下原则：剔除金融保险类上市公司样本；剔除非正常交易的公司样本；剔除数据不全的公司样本；由于我们要检验股票价格对好消息和坏消息的非对称反应，因此我们在样本中剔除意外盈余为 0 的股票样本。经过上述处理后，我们得到 9327 个年报样本。

10.2.2　变量构建

(1)异质解释(ABVOL)。我们采用公告日附近 3 个交易日([−1，0，1])的异常换手率作为投资者对公告信息不同解释的代理变量，其具体计算方法为盈余公告附近 3 个交易日的平均日换手率减去公告前 190 个交易日至公告前 11 个交易日的日均换手率。

(2)意外盈余(SUE)。本章内容采用市场衡量法计算意外盈余：

$$ESURP=\frac{1}{2}\left[\prod_{t=0}^{1}(1+R_{i,t})-\prod_{t=0}^{1}(1+R_{m,t})\right]$$

其中，$R_{i,t}$表示第i只股票在日期t的日收益；$R_{m,t}$表示日期t的值加权市场收益率；$t=0$，1表示盈余公告当天和后一天。为了考察不同意外盈余方法对检验结果的影响，我们在稳健性检验中还将使用会计衡量法衡量意外盈余并对检验结果进行重新检验。

(3)股价反应(EXRET)。我们定义盈余公告期间的超额收益为经过市场调整的持有到期收益率(BHAR)。第i只股票的经过市场调整的持有到期收益率定义为

$$BHAR_{i,t}=BHR_{i,t}-BHR_{m,t}=\prod_{t=1}^{T}(1+R_{i,t})-\prod_{t=1}^{T}(1+R_{m,t})$$

其中，$BHR_{i,t}=\prod_{t=1}^{T}(1+R_{i,t})-1$，表示样本中第$i$只股票持有到期的收益率；$BHR_{m,t}=\prod_{t=1}^{T}(1+R_{m,t})-1$，表示样本中第$i$只股票对应的调整基准持有到期的收益率，在这里指的是流通市值加权平均日收益率；$R_{i,t}$表示第i只股票在第t日的日收益率；$R_{m,t}$表示调整基准在第t日的日收益率，调整基准指的是流通市值加权的市场平均收益。与前文一样，本章研究采用 winsorize 方法，对变量极端值进行处理。

10.3 实证结果及分析

10.3.1 异质解释与公告期间股价的非对称反应

为了检验不同异质解释水平下盈余期间股价对好消息和坏消息的非对称反应，我们在每个报告期将样本股票按照投资者异质解释程度平均分为高、中、低三个组合。对于每个异质解释组合，我们根据意外盈余大小再构造10分位组合，比较不同异质解释水平下相同意外盈余规模(绝对值)股票组合的超额收益[①]，检验结果如表10-1所示。表10-1的PanelA给出了全样本的意外盈余分组结果，我们看到总体来看，公告期间的股票收益对坏消息的反应强度要高于好消息(D1和D10的比较结果除外)。

---

① 这种分组方式假设意外盈余呈对称分布，D1～D5为坏消息组，而D6～D10为同等意外盈余规模(绝对值)的好消息组。这种分组尽管不够精确，但能够确保每组中股票数量相当，便于比较。

表 10-1　公告期间股价的非对称反应(10 分位数分组)

	D1	D2	D3	D4	D5	D6	D7	D8	D9	D10	|D10|－|D1|
PanelA 全样本											
全样本	−7.09	−4.09	−2.93	−2.21	−1.04	−0.33	−0.51	1.74	3.66	8.39	1.30
	[−11.63]	[−10.13]	[−8.94]	[−7.98]	[−7.34]	[−2.13]	[−2.56]	[8.13]	[12.29]	[13.79]	[2.28]
PanelB 基于异质解释分组											
异质解释分组	D1	D2	D3	D4	D5	D6	D7	D8	D9	D10	|D10|－|D1|
低	−6.06	−3.72	−2.80	−2.45	−1.36	−0.80	−0.31	0.46	1.58	4.55	−1.51
	[−9.20]	[−8.32]	[−6.84]	[−6.97]	[−5.10]	[−4.26]	[−1.40]	[2.35]	[5.62]	[8.17]	[−2.90]
中	−7.29	−4.36	−3.22	−2.27	−1.32	−0.72	0.40	1.23	2.77	6.02	1.27
	[−11.92]	[−10.31]	[−10.17]	[−9.63]	[−6.32]	[−3.89]	[2.44]	[6.66]	[11.20]	[9.79]	[−1.79]
高	−7.91	−4.26	−2.70	−1.52	0.25	1.11	2.60	4.66	7.08	11.87	3.96
	[−13.99]	[−7.62]	[−8.29]	[−5.76]	[0.59]	[1.99]	[11.89]	[10.92]	[15.48]	[14.86]	[5.93]

注：方括号内为对应的 t 统计量

表 10-1 的 PanelB 给出了不同异质解释水平下的股价反应检验结果，我们看到，随着投资者异质解释程度的上升，公告期间股票收益对好消息的反应强度逐渐高于坏消息。其中，在异质解释最低的组别中，公告期间股票收益对坏消息的反应强度要强于好消息，这一结果符合 Diamond 和 Verrecchia(1987)的研究结论，说明在不存在投资者异质解释或投资者异质解释程度较低的情况下，公告期间的股价对坏消息的反应强度强于好消息。此时，意外盈余规模最高的组合(D10)经过市场调整后的超额收益显著高于意外盈余规模最低的组合(D1)，二者之差为−1.51，且在 10%水平下显著。而在异质解释程度最高的组别中，公告期间股票收益对好消息的反应强度高于对坏消息的反应强度，这一结论符合 Xu(2007)的结论，说明在存在卖空限制的条件下，投资者异质解释的存在使得股票收益右偏，从而导致公告期间股票收益对好消息的反应强度高于对坏消息的反应强度。此时，意外盈余规模最高的股票组合(D10)的超额收益显著高于意外盈余规模最低的股票组合(D1)，二者之差为 3.96，且在 1%水平下显著。

表 10-1 的意外盈余分组方法虽然能够保证每个意外盈余组别中的股票数量大体相当，但是这种方法假设意外盈余呈完全对称分布，因此其检验结果可能不够精确。为此，我们接下来将采用 Xu(2007)的分组方法，根据意外盈余实际值进行分组。通过对样本股票意外盈余分布的分析，我们发现 96%的意外盈余样本都分布在[−5%，5%]的区间内，因此我们剔除意外盈余规模超出这一范围之外的样本，并将区间[−5%，5%]等分成 10 个子区间，分别为[−5%，−4%]，[−4%，−3%]，…，[3%，4%]，[4%，5%]。在每个报告期，如果样本股票

的意外盈余落在某个子区间内，则这只股票就归为该子区间对应的投资组合。计算每个子区间组合中股票的等加权平均收益作为该组合在本报告期的收益，并将12个报告期的加权平均收益作为该类组合在样本期的收益，权重为每个报告期的样本股票数量。然后，我们再根据投资者异质解释程度和意外盈余对每个报告期的样本股票进行二维顺序分组①，计算每个二维分组结果的等加权平均收益作为二维组合在该报告期的收益，然后将12个报告期的加权平均收益作为该类组合在样本期的收益，权重为每个报告期的样本股票数量，具体的分组结果如表10-2所示。

如表10-2所示，全样本分析结果显示，从总体来看，公告期间的股票收益对好消息的反应强度要高于坏消息，这一结果有别于表10-1。异质解释程度最低组合中，意外盈余组合的超额收益呈现不规则分布，两端的4个意外盈余子区间组合收益显示股价对好消息的反应强度高于坏消息，而中间的6个意外盈余组合子区间组合收益则显示股价对坏消息的反应强度高于好消息。产生这一结果的原因主要是，意外盈余样本在[－3%，3%]区间的分布密度较高，而两端的分布密度较低，在这种情况下，经过二维分组后两端组合中股票数目较少，从而导致这类组合可能反映组合中股票的特异性风险。而异质解释程度中、高的组别中，意外盈余组合普遍呈现规律性分布。其中，在中异质解释组中，股价对坏消息的反应强度高于好消息，而在高异质解释组中，股价对好消息的反应强度高于坏消息。

为了消除组合中股票数量较少所带来的特异性风险影响，我们只比较中间的6个意外盈余组合收益。结果发现，股票收益对好消息的反应强度随着异质解释程度的上升而逐渐增强。其中，在低、中异质解释组中，股票收益对坏消息的反应强度高于对好消息的反应强度。并且从股价对坏消息的反应强度来看，低异质解释组对坏消息的反应强度要明显高于中异质解释组，说明低异质解释组公告期间的股票收益左偏程度更明显。而高异质解释组中，股票收益对好消息的反应强度则高于对坏消息的反应强度，说明投资者对盈余信息的异质解释使得股价对盈余公告的反应右偏，从而为待检验假设10-1提供了经验支持。

① 二维顺序分组的具体方法为，首先根据异质解释程度将每个报告期的样本股票平均分为低、中、高三组。对于每个异质解释程度组中的股票，我们再根据其意外盈余实际值将其归为10个意外盈余子区间组合中的一个。

表 10-2　公告期间股份的非对称反应(意外盈余规模分组)

	[−5%,−4%]	[−4%,−3%]	[−3%,−2%]	[−2%,−1%]	[−1%,0]	[0,1%]	[1%,2%]	[2%,3%]	[3%,4%]	[4%,5%]	对冲收益
PanelA 全样本											
全样本	−7.74	−6.63	−4.52	−2.77	−1.04	0.72	2.79	5.07	7.10	9.36	1.62
	[−15.23]	[−47.18]	[−27.01]	[−31.51]	[−17.48]	[9.95]	[36.28]	[31.21]	[44.48]	[28.67]	[2.62]
PanelB 基于异质解释分组											
异质解释分组	[−5%,−4%]	[−4%,−3%]	[−3%,−2%]	[−2%,−1%]	[−1%,0]	[0,1%]	[1%,2%]	[2%,3%]	[3%,4%]	[4%,5%]	对冲收益
低	−8.26	−6.87	−4.47	−3.05	−1.28	0.33	2.26	3.94	7.17	8.90	0.59
	[−21.78]	[−16.95]	[−17.78]	[−36.99]	[−11.33]	[3.06]	[18.88]	[19.20]	[12.99]	[15.82]	[0.66]
中	−8.71	−6.81	−4.87	−2.95	−1.14	0.71	2.50	4.59	6.52	7.86	−0.00
	[−28.25]	[−23.48]	[−29.15]	[−30.72]	[−12.62]	[9.68]	[18.54]	[25.86]	[19.01]	[15.27]	[−0.70]
高	−7.57	−6.36	−4.03	−2.02	−0.004	1.34	3.56	5.94	7.40	9.80	2.23
	[−11.96]	[−34.61]	[−22.59]	[−8.51]	[−1.76]	[5.12]	[14.49]	[20.77]	[31.89]	[21.56]	[2.81]

注:计算结果下方的方括号内为 t 统计量

10.3.2 异质解释与公告后股价的非对称反应

盈余公告效应是股票市场上的异常现象，Lerman 等(2008)认为，直到目前为止，学者们还不能完全解释盈余公告现象产生的根本原因。6.5 节中的检验结果证明，投资者对盈余信息的异质解释会导致公告期间的股票收益对好消息的反应强度高于对坏消息的反应强度，说明在存在卖空限制的条件下，投资者对盈余信息的异质解释会导致股票收益对信息反应右偏(Xu 2007)。然而，Diamond和 Verrecchia(1987)认为，卖空限制除了会导致投资者对信息反应右偏之外，还会降低坏消息的信息效率，体现为坏消息传递速度较慢，从而导致股票收益对坏消息的反应更强。在我国完全禁止卖空股票市场上，股票收益对好、坏消息的反应强度取决于投资者的异质解释程度，异质解释程度较高时，前一种效应占优势地位，而当异质解释程度较低时，后一种效应则获得优势地位。公告后，投资者的异质解释在一段时间内仍会存在，然而随着时间的推移，投资者的异质解释逐步得到解决，此时，后一种效应将逐渐占据上风。因此，一个合理假设是：股价在公告后一段时间内对好消息的反应强度仍将高于坏消息，而随着时间推移，股价对坏消息的反应强度将超过好消息。

我们选择公告后不同时间区间的持有期收益为研究对象，检验不同持有期收益对好、坏消息的反应强度随着投资者异质解释程度的提高而产生的变动趋势，检验方法与10.3.1节一样。由于版面限制，我们只列出了基于意外盈余实际规模的分组结果，而采用意外盈余10分位数分组时得到的检验结果与此类似。我们选择的公告后股票持有期分别为公告后10天([2，11])，公告后20天([2，21])，…，直到公告后60天([2，61])。表10-3列出了具体的检验结果。我们看到，在持有期为10天和20天的情况下，股票收益对好消息的反应强度随着投资者异质解释程度的提高而逐渐增强，反应模式与持有期为公告日附近3天的情况相同。而从持有期为公告后30天的检验结果开始，股票收益对意外盈余的反应出现不规则变化，随着持有期的不断延长，股票收益开始对坏消息的反应强度逐渐增强。而当持有期为50天时，即使对于异质解释程度最高的股票而言，其对坏消息的反应强度也高于对好消息的反应强度。这一结果与以国外成熟市场为研究对象的检验结果存在较大差异，Chang 等(2009)发现，Xu(2007)的结论对公告后的股价漂移而言仍然成立。他们发现，股价对盈余信息的右偏反应将会一直持续到公告后60天。之所以会产生这样的差异，主要是因为我国股票市场长期以来一直实行严格的卖空限制且存在较为严重的信息不对称现象，使得 Diamond 和 Verrecchia(1987)的研究结论在我国股票市场中的表现也比较明显。在盈余公告披露时，投资者对盈余信息的异质解释程度较高，此时 Xu(2007)的结论占主导地位，股票收益对好消息的反应强度强于对坏消息的反应强度。公告后随着时间的推移，投资者之间的异质解释逐渐得到解决，Diamond 和 Verrecchia(1987)的结论开始逐渐占据主导地位，导致股票收益对坏消息的反应强度逐渐高于对好消息的反应强度。总之，上述检验结果支持了待检验假设 10-2 的结论。

10.3.3　稳健性分析

本节将从收益指标以及意外盈余指标选取的角度讨论上述检验结果的稳健性，我们只给出稳健性检验的描述性结果。

1. 收益指标设定对检验结果的影响

上述检验过程中，我们采用的是经过市场调整的连续持有超额收益指标(BHAR)，而国内关于财务理论的经验研究大多采用经过市场调整的累积超额收益指标(CAR)。因此，我们用 CAR 指标替代 BHAR 指标对上述结果进行重新检验，结果显示选取 CAR 指标并未对检验结果的稳健性产生影响。

另外，我们还采用经过规模调整后的超额收益指标(包括 BHAR 和 CAR)对上述结果进行重新检验，结果显示，调整基准的设定不会对检验结果产生影响，上述检验结果依然成立。

2. 意外盈余指标设定对检验结果的影响

以上检验过程中，我们采用的是市场衡量法度量意外盈余。因此，在稳健性检验中我们将使用会计盈余法度量意外盈余并重新检验。我们使用的会计衡量法具体计算公式如下：

$$\mathrm{SUE}_{i,t}=\frac{\mathrm{EPS}_{i,t}-\mathrm{EPS}_{i,t-1}}{|\mathrm{EPS}_{i,t-1}|}\times 100\%$$

其中，$\mathrm{EPS}_{i,t}$表示股票 i 在会计年度 t 的每股收益。

检验结果显示，当采用会计衡量法重新进行检验时，上述结论将不再显著。这一结果出乎我们意料，有待进一步研究，一个可能的原因是，会计衡量法大都将上一年度的每股收益作为投资者对当期收益的预期值，其假设是公司盈余服从随机游走过程，然而我国目前处于转型阶段，各种影响公司业绩的因素存在很大的不确定性，加之我国的出口导向型发展策略使得公司业绩严重依赖于国际市场的需求，从而使得公司盈余可能不满足随机游走模型，在这种情况下，采用会计衡量法可能会低估或高估投资者对公司盈余预期。另外，我们也可以用 Tversky 和 Kahneman(1981)提出的“框架依赖”理论对这一现象加以解释，该理论认为，投资者对信息的反应模式依赖于信息的度量方法。吴世农和吴超鹏(2005)证明我国 A 股市场投资者对盈余信息的反应模式也存在“框架依赖”现象。当采用不同指标度量意外盈余时，可能会得出不同的结论。

表 10-3　异质解释对公告后股份非对称反应的影响

异质解释分组	[−5%,−4%]	[−4%,−3%]	[−3%,−2%]	[−2%,−1%]	[−1%,0]	[0,1%]	[1%,2%]	[2%,3%]	[3%,4%]	[4%,5%]	对冲收益
连续持有 10 天											
低	−9.50	−7.23	−3.75	−3.00	−0.93	0.54	2.48	3.66	5.17	6.90	−2.60
	[−7.60]	[−6.89]	[−5.42]	[−5.79]	[−3.28]	[1.02]	[4.58]	[4.52]	[2.72]	[32.39]	[−16.07]
中	−8.58	−7.07	−4.66	−2.77	−0.35	0.91	3.25	5.56	6.24	10.14	1.57
	[−6.92]	[−7.34]	[−13.67]	[−6.07]	[−0.70]	[2.70]	[6.27]	[6.87]	[6.68]	[4.41]	[−0.22]
高	−8.98	−6.88	−4.06	−0.96	−0.42	1.74	4.00	5.93	8.06	11.71	2.72
	[−10.52]	[−9.17]	[−8.59]	[−1.50]	[−1.09]	[2.01]	[3.91]	[10.38]	[12.12]	[9.99]	[1.57]
连续持有 20 天											
低	−7.12	−5.91	−3.72	−3.21	−0.56	0.81	2.83	4.27	4.01	4.04	−3.08
	[−2.34]	[−3.06]	[−3.40]	[−4.87]	[−1.41]	[0.84]	[3.11]	[4.44]	[2.24]	[1.49]	[−2.06]
中	−7.16	−6.28	−4.64	−2.67	0.32	1.81	4.53	6.59	5.68	9.02	1.92
	[−3.68]	[−5.35]	[−6.46]	[−5.81]	[0.46]	[3.88]	[4.97]	[10.45]	[3.40]	[3.67]	[−0.29]
高	−9.44	−7.62	−4.22	−1.41	−1.07	1.89	5.13	5.15	8.81	12.31	2.87
	[−6.28]	[−8.58]	[−6.57]	[−1.29]	[−2.22]	[1.91]	[3.35]	[8.99]	[9.62]	[7.80]	[1.72]
连续持有 30 天											
低	−8.17	−5.72	−4.59	−3.60	−0.77	0.80	2.27	4.04	3.85	0.21	−7.96
	[−2.62]	[−2.19]	[−3.94]	[−3.22]	[−1.07]	[0.62]	[2.27]	[3.64]	[1.21]	[0.06]	[−2.00]
中	−5.02	−6.95	−4.35	−2.12	0.40	2.17	5.09	5.89	3.85	10.90	5.82
	[−1.85]	[−4.36]	[−5.93]	[−4.78]	[0.35]	[3.34]	[6.21]	[4.81]	[2.91]	[3.63]	[0.73]
高	−9.11	−7.66	−5.70	−2.40	−1.50	0.69	3.80	4.80	9.48	9.71	0.66
	[−3.89]	[−6.84]	[−6.86]	[−3.06]	[−2.26]	[0.81]	[3.30]	[5.88]	[7.09]	[5.18]	[−1.01]

续表

异质解释分组	[−5%,−4%]	[−4%,−3%]	[−3%,−2%]	[−2%,−1%]	[−1%,0]	[0,1%]	[1%,2%]	[2%,3%]	[3%,4%]	[4%,5%]	对冲收益
连续持有 40 天											
低	−9.91	−7.66	−3.95	−4.26	−1.43	−0.002	0.14	3.56	3.38	−0.09	−8.85
	[−3.26]	[−4.01]	[−2.78]	[−3.53]	[−1.55]	[−0.00]	[0.11]	[2.41]	[1.00]	[−0.02]	[−3.35]
中	−6.33	−6.94	−5.75	−2.53	0.02	1.45	4.53	5.32	2.89	14.81	8.47
	[−2.31]	[−4.93]	[−6.91]	[−3.82]	[0.01]	[3.35]	[5.90]	[3.22]	[2.23]	[3.63]	[0.49]
高	−9.17	−8.09	−7.46	−2.88	−1.75	−0.02	2.19	4.66	7.41	9.28	0.10
	[−4.33]	[−5.94]	[−4.55]	[−3.45]	[−1.34]	[−0.02]	[1.92]	[3.81]	[5.35]	[4.43]	[−0.73]
连续持有 50 天											
低	−10.36	−7.95	−4.57	−4.15	−1.02	0.48	0.04	2.55	2.86	2.24	−8.88
	[−3.48]	[−4.17]	[−2.96]	[−3.95]	[−1.27]	[0.45]	[0.04]	[1.48]	[0.64]	[0.38]	[−3.09]
中	−7.89	−7.69	−5.70	−2.93	−0.37	0.42	3.53	3.96	4.37	12.57	5.68
	[−2.45]	[−5.96]	[−6.54]	[−3.62]	[−0.24]	[0.52]	[3.24]	[2.69]	[3.21]	[2.85]	[−0.23]
高	−10.83	−9.64	−7.81	−3.85	−2.86	−1.38	1.57	3.69	6.40	6.68	−4.15
	[−5.89]	[−5.60]	[−3.81]	[−3.11]	[−1.63]	[−0.97]	[1.31]	[2.24]	[4.87]	[2.67]	[−1.40]
连续持有 60 天											
低	−10.54	−8.61	−5.79	−4.51	−1.42	0.17	0.15	4.30	1.51	−0.19	−10.35
	[−3.18]	[−4.44]	[−3.66]	[−3.79]	[−1.64]	[0.16]	[0.11]	[2.96]	[0.31]	[−0.03]	[−7.39]
中	−8.80	−7.83	−6.41	−3.96	−0.84	−0.76	3.58	3.97	5.15	10.11	1.31
	[−2.47]	[−5.31]	[−4.82]	[−3.40]	[−0.45]	[−0.49]	[3.13]	[2.21]	[2.66]	[2.43]	[−0.69]
高	−12.29	−10.51	−8.03	−4.17	−3.45	−2.23	1.24	2.70	6.12	5.89	−6.38
	[−7.11]	[−5.81]	[−3.77]	[−3.14]	[−1.37]	[−1.30]	[1.00]	[2.30]	[4.72]	[2.03]	[−2.04]

注:计算结果下方的方括号内为对应的 t 统计量

10.4 结　论

本章内容从投资者异质解释的角度研究了我国 A 股市场盈余公告引起的股价对好、坏消息的非对称反应，研究结果发现：①在不存在投资者异质解释或异质解释程度较低的情况下，公告期间股票收益对坏消息的反应要高于对好消息的反应；而当投资者异质解释程度较高时，公告期间股票收益对好消息的反应要高于对坏消息的反应。②在公告后较短持有期内，股票收益对好、坏消息的非对称反应模式继续存在，随着持有期的延长，公告后股票收益对坏消息的反应强度逐渐超过对好消息的反应强度。

参考文献

陈斌，李信民，杜要忠．2002. 中国股市个人投资者状况调查．深圳证券交易所综合研究所．

陈国进，王景．2007. 异质信念与金融异象研究最新进展．经济学动态，9：75～79.

陈国进，涂宏伟，林辉．2007. 我国股市特质波动率之谜及基于异质信念的解释．厦门大学工作论文．

陈国进，张贻军，王景．2008. 异质信念与盈余惯性——基于中国股票市场的实证研究．当代财经，7：43～48.

陈国进，张贻军，王景．2009. 再售期权、通胀幻觉与中国股市泡沫的影响因素分析．经济研究，5：106～107.

陈泽中，李锋，杨启智．2000. 中国股票市场的 ARCH 效应研究．浙江统计，4：26～27.

丁娟．2003. 信息对股票收益率波动非对称性影响的研究．天津商学院学报，3：19～21.

葛琦．2007. 基于投资者意见分歧的证券市场盈余公告效应实证分析．湖南大学硕士学位论文．

胡金炎．2002. 中国股市"政策市"实证考察与评析．财贸经济，9：19～22.

孔东民，柯瑞豪．2007. 谁驱动了中国股市的 PEAD？金融研究，10：82～99.

李心丹，王冀宁，傅浩．2002. 中国个体证券投资者交易行为的实证研究．经济研究，11：54～62.

刘毅．2008. 中国股票市场波动非对称特性的研究．同济大学博士学位论文．

陆蓉，徐龙炳．2004. "牛市"和"熊市"对信息的不平衡性反应研究．经济研究，3：65～72.

孟卫东，江成山，陆静．2010. 基于内生后验异质信念的资产定价研究．管理工程学报，3：66～74.

史永东，李凤羽．2012. 卖空限制、意见分歧收敛与信息披露的股价效应——来自 A 股市场的经验证据．金融研究，8：111～124.

涂宏伟．2008. 我国股市的特质波动率之谜及基于异质信念的解释．厦门大学硕士学位论文．

万蔚，江孝感．2012. 我国沪、深股市的波动性研究——基于 GARCH 族模型．价值工程，10：14～18.

汪昌云，汪勇祥．2007. 资产定价理论：一个探索股权溢价之谜的视角．管理世界，7：136～151.

吴林祥，徐龙炳．2002. 涨跌幅限制扭曲了股票价格行为吗？——来自中国股票市场的新证据．中国会计与财务研究，2：1～21.

吴世农，吴超鹏．2005. 盈余信息度量、市场反应与投资者框架依赖偏差分析．经济研究，2：80～90.

杨德明，林斌，辛清泉．2007. 盈利质量、投资者非理性行为与盈余惯性．金融研究，2：122～132.

张华，张俊喜．2004. 我国盈余公告效应的动态特征．经济学(季刊)，2：305～318.

张圣平．2002. 偏好、信念、信息与证券价格．北京：人民出版社．

张维，张永杰．2006. 异质信念、卖空限制和风险资产价格．管理科学学报，4：58～62.

兆文军，于奇．2008. 基于行为金融的中国股市波动非对称性研究．大连理工大学学报(社会科学版)，3：30～31.

周晖，邹建国，葛琦．2008. 投资者意见分歧对盈余公告效应影响的实证研究．财经理论与实践(双月刊)，4：55～59.

朱永安，曲春青．2003. 上海股票市场两阶段波动非对称性实证研究．统计与信息论坛，4：76～78.

Abreu D, Brunnermeier M K. 2002. Synchronization risk and delayed arbitrage. Journal of Financial Economics, 66：341～360.

Abreu D, Brunnermeier M K. 2003. Bubbles and crashes. Econometrica, 71：173～204.

Adrian T, Shin H S. 2010. Liquidity and leverage. Journal of Financial Intermediation, 19：418～437.

Alexandridis G, Antoniou A, Petmezas D. 2007. Divergence of opinion and post-acquisition performance. Journal of Business Finance & Accounting, 34：439～460.

Amihud Y. 2002. Illiquidity and stock returns：cross-section and time-series effects. Journal of Financial Markets, 5：31～56.

Anderson K L, Harris J H, So E C. 2007. Opinion divergence and post-earnings announcement drift. Working Paper, Social Science Research Network(SSRN).

Ang A, Hodrick R J, Xing Y H et al. 2006. The cross-section of volatility and expected returns. Journal of Finance, 61：259～299.

Ball R, Brown P. 1968. An empirical evaluation of accounting income numbers. Journal of Accounting Research, 6：159～178.

Ball R, Kothari S P, Watts R L. 1993. Economic determinants of the relation between earnings changes and stock returns. The Accounting Review, 68(3)：622～638.

Bamber L S, Barron O E, Stober T L. 1999. Differential interpretations and trading volume. Journal of Financial and Quantitative Analysis, 34：369～386.

Bamber L S, Cheon Y S. 1995. Differential price and volume reactions to accounting earnings announcements. The Accounting Review, 70：417～441.

Banerjee A V. 1992. A simple model of herd behavior. Quarterly Journal of Economics, 107：797～817.

Barber B, Lee Y T, Liu Y J et al. 2009. Just how much do individual investors lose by trading? Review of Financial Studies, 22：609～632.

Barber B, Odean T. 2000. Trading is hazardous to your wealth：the common stock investment performance of individual investors. Journal of Finance, 55：773～806.

Barberis N, Shleifer A, Vishny R. 1998. A model of investor sentiment. Journal of Financial Economics, 49：307～343.

Bartov E. 1992. Patterns in unexpected earnings as an explanation for post-announcement drift. The Accounting Review, 67：610～622.

Bartov E, Radhakrishnan S, Krinshy I. 2000. Investor sophistication and patterns in stock returns after earnings announcements. Accounting Review, 75: 43～63.

Bayer O, Chemmanur T J, Liu M H. 2011. A theory of equity carve-out and negative stub values under heterogeneous beliefs. Journal of Financial Economics, 100: 616～638.

Beaver W H. 1968. The information content of annual earnings announcements. Journal of Accounting Research, 6: 67～92.

Berkman H, Dimitrov V, Jain P C et al. 2009. Sell on the news: difference of opinion, short-sales constraints, and returns around earnings announcement. Journal of Financial Economics, 92: 376～399.

Bernard V L, Thomas J K. 1989. Post-earnings-announcement drift: delayed price response or risk premium? Journal of Accounting Research, 27: 1～36.

Bernard V L, Thomas J K. 1990. Evidence that stock prices do not fully reflect the implications of current earnings for future earnings. Journal of Accounting Research, 13: 305～340.

Bhushan R. 1994. An informational efficiency perspective on the post-earnings-announcement drift. Journal of Accounting and Economics, 18: 45～65.

Bigus J. 2003. Heterogeneous beliefs, moral hazard, and capital structure. Schmalenbach Business Review, 55: 136～160.

Black F. 1976. Studies of stock price volatility changes. Proceedings of the 1976 meetings of the American Statistical Association, Business and Economics Statistics Section (American Statistical Association, Washington, DC): 177～181.

Blanchard O J, Rhee C, Summers L. 1993. The stock market, profit and investment. Quarterly Journal of Economics, 107: 115～136.

Blanchard O J, Waston M W. 1983. Bubbles, rational expectations and financial markets. Working Paper, the National Bureau of Economic Research(NBER).

Boehme R D, Danielsen B R, Sorescu S M. 2006. Short-sale constraints, differences of opinion, and overvaluation. Journal of Financial and Quantitative Analysis, 41: 455～487.

Bollerslev T. 1986. Generalized autoregressive conditional heteroskedasticity. Journal of Econometrics, 31: 307～327.

Bolton P, Scheinkman J, Xiong W. 2005. Pay for short-term performance: executive compensation in speculative markets. Journal of Corporation Law, 30: 721～747.

Bolton P, Scheinkman J, Xiong W. 2006. Executive compensation and short-termist behavior in speculative markets. Review of Economic Studies, 73: 577～610.

Booth G G, Martikainen T, Tse Y. 1997. Price and volatility spillover in Scandinavian stock markets. Journal of Banking & Finance, 21(6): 811～823.

Bris A, Goetzmann W, Zhu N. 2007. Efficiency and the bear: short sales and markets around the world. Journal of Finance, 62: 1029～1079.

Brown L, Han J. 1992. The impact of annual earnings announcements on convergence of beliefs. The Accounting Review, 67: 862～875.

Brunnermeier M, Pedersen L. 2009. Funding liquidity and market liquidity. Review of Financial

Studies，22：2201～2238.

Brunnermeier M，Simsek A，Xiong W. 2012. A welfare criterion for models with distorted beliefs. Working Paper，Princeton University.

Campbell J，Hentschell L. 1992. No news is good news：an symmetric model of changing volatility in stock returns. Journal of Financial Economics，31：281～318.

Cao D. 2011. Collateral shortages，asset price and investment volatility with heterogeneous beliefs. Working Paper，Georgetown University.

Chan L K C，Jegadeesh N，Lakonishok J. 1996. Momentum strategies. Journal of Finance，51：1681～1713.

Chang E C，Xu J，Zheng L. 2009. Short sale constraints，heterogeneous interpretations，and asymmetric price reactions to earnings announcements. Working Paper，Capana.

Chemmanur T J，Krishnan K. 2011. Heterogeneous beliefs，IPO valuation，and the economic role of the underwriter in IPOs. Working Paper，Social Science Research Network(SSRN).

Chemmanur T J，Michel J S，Nandy D K et al. 2010. Capital structure and security issuance under heteogeneous beliefs. Working Paper，Social Science Research Network(SSRN).

Chen J，Hong H，Stein J C. 2002. Breadth of ownership and stock returns. Journal of Financial Economics，66：171～205.

Cheung Y W，Ng L K. 1992. Stock price dynamics and firm size：an empirical investigation. Journal of Finance，47：401～418.

Chordia T，Shivakumar L. 2002. Momentum，business cycle，and time-varying expected returns. Journal of Finance，57：985～1019.

Chordia T，Shivakumar L. 2005. Inflation illusion and post-earnings-announcement drift. Journal of Accounting Research，4：521～556.

Christie A A. 1982. The stochastic behavior of common stock variances-value，leverage and interest rate effects. Journal of Financial Economics，10：407～432.

Cohen L，Frazzini A. 2008. Economic links and predictable returns. Journal of Finance，63：1977～2011.

Collins D W，Gong G，Hribar P. 2003. Investor sophistication and the mispricing of accruals. Review of Accounting Studies，8：251～276.

Collins D W，Hribar P. 1999. Earnings-based and accrual-based market anomalies：one effect or two? Working Paper，Social Science Research Network(SSRN).

Daniel D，Hirshleifer D，Subrahmanyam A. 1998. Investor psychology and security market under and overreactions. Journal of Finance，53：1839～1885.

Danielsen B R，Sorescu S M. 2001. Why do option introductions depress stock prices? A study of diminishing short sale constraints. Journal of Financial and Quantitative Analysis，36：451～484.

D'Avolio G. 2002. The market for borrowing stock. Journal of Financial Economics，66：271～306.

Dellavigna S, Pollet J. 2009. Investor inattention, firm and friday earnings announcements. Journal of Finance, 64: 709～749.

De Long B, Shleifer A, Summers L et al. 1990. Noise trader risk in financial market. Journal of Political Economy, 98: 703～738.

Diamond D W, Verrecchia R E. 1987. Constraints on short-selling and asset price adjustment to private information. Journal of Financial Economics, 18: 277～311.

Diether K, Malloy C, Scherbina A. 2002. Differences of opinion and the cross section of stock returns. Journal of Finance, 5: 2113～2141.

Dittmar A, Thakor A. 2007. Why do firms issue equity? Journal of Finance, 62: 1～54.

Dong M, Michel J S. 2009. Does investor heterogeneous lead to IPO overvaluation. Working Paper, Social Science Research Network(SSRN).

Doukas J A, Kim C, Pantzalis C. 2004. Divergent opinion and the performance of value stocks. Financial Analysts Journal, 60: 55～64.

Duffie D. 2010. Presidential address: asset price dynamics with slow-moving capital. Journal of Finance, 4: 1237～1267.

Duffie D, Nicolae G, Pedersen L H. 2002. Securities lending, shorting, and pricing. Journal of Financial Economics, 66: 307～339.

Engle R F. 1982. Autoregressive conditional heteroskedasticity with estimates of the variance of UK inflation. Econometrica, 50: 987～1008.

Fama E F. 1998. Market efficiency, long-term returns, and behavioral finance. Journal of Financial Economics, 3: 283～306.

Figlewski S. 1981. The information effects of restrictions on short sales: some empirical evidence. Journal of Financial and Quantitative Analysis, 16: 463～476.

Fischer P. 2001. Drift as an evolutionary outcome. Working Paper, Penn State University.

Fostel A, Geanakoplos J. 2008. Leverage cycles and the anxious economy. American Economic Review, 98: 1211～1244.

Foster G, Olsen C, Shevlin T. 1984. Earnings releases, anomalies, and the behavior of security returns. Accounting Review, 59: 574～603.

Francis J, Lafond R, Olsson P et al. 2007. Information uncertainty and post-earnings-announcement-drift. Journal of Business Finance & Accounting, 34: 403～433.

Frazzini A. 2006. The disposition effect and underreaction to news. Journal of Finance, 61: 2017～2046.

French K R, Schwert G W, Stambaugh R F. 1987. Expected stock returns and volatility. Journal of Financial Economics, 19: 3～29.

Garfinkel J A. 2009. Measure investors' opinion divergence. Journal of Accounting Research, 47: 1317～1348.

Garfinkel J A, Sokobin J. 2006. Volume, opinion divergence, and returns: a study of post-earnings announcement drift. Journal of Accounting Research, 44: 85～112.

Garleanu N，Pedersen L. 2011. Margin-based asset pricing and deviations from the law of one price. Review of Financial Studies，24：1980～2022.

Geanakoplos J. 2001. Liquidity，default，and crashes：endogenous contracts in general equilibrium. Working Paper，Social Science Research Network(SSRN).

Geanakoplos J. 2010. The leverage cycle. NBER Macroeconomics Annual 2009，24：1～65.

Geczy C，David M，Adam R. 2002. Stocks are special too：an analysis of the equity lending market. Journal of Financial Economics，66：241～269.

Gervais S，Heaton J B，Odean T. 2002. The positive role of overconfidence and optimism in investment policy. Working Paper，University of California，Berkely.

Gilchrist S，Himmelberg C，Huberman G. 2005. Do stock price bubbles influence corporate investment? Journal of Monetary Economics，52：805～827.

Goetzmann W N，Massa M. 2005. Dispersion of opinion and stock returns. Journal of Financial Markets，8：324～349.

Griffin D，Tversky A. 1992. The weighing of evidence and the determinants of overconfidence. Cognitive Psychology，24：411～435.

Gromb D，Vayanos D. 2002. Equilibrium and welfare in markets with financially constrained arbitrageurs. Journal of Financial Economics，66：361～407.

Handa P，Schwartz R，Tiwari A. 2003. Quote setting and price formation in an order driven market. Journal of Financial Markets，6：461～489.

Harris M，Raviv A. 1993. Difference of opinion make a horse race. Review of Financial Studies，(6)：473～506.

Harrison M，Kreps D. 1978. Speculative investor behavior in a market with heterogeneous expectations. Quarterly Journal of Economics，2：323～336.

He H，Wang J. 1995. Differential information and dynamic behavior of stock trading volume. Review of Financial Studies，8：919～972.

He Z，Xiong W. 2012. Debt financing in asset markets. Working Paper，the National Bureau of Economic Research(NBER).

Hirshleifer D，Teoh S H. 2003. Limited attention，information disclosure，and financial reporting. Journal of Accounting and Economics，36：337～386.

Hollifield B，Miller R，Sandas P et al. 2006. Estimating the gains from trade in limit order markets. The Journal of Finance，61：2753～2804.

Hong H，Scheinkman J，Xiong W. 2006. Asset float and speculative bubbles. Journal of Finance，61：1073～1117.

Hong H，Stein J C. 1999. A unified theory and under-reaction，momentum trading and overreaction in asset markets. Journal of Finance，6：2143～2184.

Hong H，Stein J C. 2003. Difference of opinion，short-sales constraints，and market crashes，Review of Financial Studies，16：487～525.

Hong H，Stein J C. 2007. Disagreement and the stock market. Journal of Economic Perspective, 21: 109～128.

Hou K. 2007. Industry information diffusion and the lead-lag effect in stock returns. Review of Financial Studies, 20: 1113～1138.

Houge T, Loughran T, Suchanek G et al. 2001. Divergence of opinion, uncertainty, and the quality of initial public offering. Financial Management, 30: 5～23.

Huberman G, Regev T. 2001. Contagious speculation and a cure for cancer: a nonevent that made stock prices soar. Journal of Finance, 56: 387～396.

Jarrow R. 1980. Heterogeneous expectations, restrictions on short sales, and equilibrium asset prices. Journal of Finance, 35: 1105～1113.

Jegadeesh N, Titman S. 1993. Returns to buying winners and selling losers: implications for stock market efficiency. Journal of Finance, 48: 93～130.

Johnson T C. 2004. Forecast dispersion and the cross section of expected returns. Journal of Finance, 59: 1957～1978.

Jones C P, Litzenberger R H. 1970. Quarterly earnings reports and intermediate stock price trends. Journal of Finance, 25: 143～148.

Joy O M, Litzenberger R H, McEnally R W. 1977. The adjustment of stock prices to announcements of unanticipated changes in quarterly earnings. Journal of Accounting Research, 15: 207～225.

Kahneman D, Slovic P, Tversky A. 1982. Judgement Under Uncertainty: Heuristics and Bias. Cambridge: University Press.

Kandel E, Pearson N D. 1995. Differential interpretation of public signals and trade in speculative markets. The Journal of Political Economy, 103: 831～872.

Ke B, Ramalingegowda S. 2005. Do institutional investors exploit the post-earnings announcement drift? Journal of Accounting and Economics, 39: 25～53.

Kim O, Verrecchia R E. 1991. Market reaction to anticipated announcements. Journal of Financial Economics, 30: 273～309.

Kiyotaki N, Moore J. 1997. Credit cycles. Journal of Political Economy, 105: 211～248.

Klibanoff P, Lamont O, Wizman T A. 1998. Investor reaction to news in closed-end country funds. Journal of Finance, 53: 673～699.

Kothari S P. 2001. Capital markets research in accounting. Journal of Accounting and Economics. 31: 105～231.

Koutmos G. 1992. Asymmetric volatility and risk retum tradeoff in foreign stock markets. Journal of Multinational Financial Management, 2: 27～43.

Koutmos G, Negakis C, Theodossiou P. 1993. Stochastic behavior of the Athens stock exchange. Applied Financial Economics, 3: 119～126.

Kyle A, Wang A. 1997. Speculation duopoly with agreement to disagree: can overconfidence survive the market test? Journal of Finance, 52: 2073～2090.

Landier A, Thesmar D. 2009. Financial contracting with optimistic entrepreneurs. Review of

Financial Studies，22：117～150.

Lee C，Swaminathan B. 2000. Price momentum and trading volume. Journal of Finance，55：2017～2069.

Lerman A，Livnat J，Mendenhall R R. 2008. The high-volume return premium and post-earnings announcement drift. Working Paper，Social Science Research Network(SSRN).

Lintner J. 1969. The aggregation of investor's diverse judgements and preferences in purely competitive security markets. Journal of Financial & Quantitative Analysis，4：347～400.

Lu H. 2004. Information diffusion and the boundary of market efficiency：empirical evidence form earnings announcements. Working Paper，Social Science Research Network(SSRN).

Mei J，Scheinkman J，Xiong W. 2009. Speculative trading and stock prices：evidence from Chinese A-B share premia. Annals of Economics and Finance，10：225～255.

Mendenhall R R. 2004. Arbitrage risk and post-earnings-announcement drift. Journal of Business，77：875～894.

Menzly L，Ozbas O. 2006. Cross-industry momentum. Working Paper，Social Science Research Network(SSRN).

Merton R C. 1987. A simple model of capital market equilibrium with incomplete information. Journal of Finance，42：483～510.

Michaely R，Womack K L. 1999. Conflict of interest and the credibility of underwriter analyst recommendations. Review of Financial Studies，12：653～686.

Miller E M. 1977. Risk，uncertainty，and divergence of opinion. Journal of Finance，32：1151～1168.

Modigliani F，Cohn R A. 1979. Inflation，rational valuation and the market. Financial Analysts Journal，35：24～44.

Morck R，Shleifer A，Vishny R. 1990. The stock market and investment：is the market a sideshow? Brookings Papers on Economic Activity，2：157～215.

Morris S. 1996. Speculative investor behavior and learning. Quarterly Journal of Economics，111：1111～1133.

Morse D，Stephan J，Stice E K. 1991. Earnings announcement and the convergence (or divergence) of beliefs. The Accounting Review，66：376～388.

Nagel S. 2005. Short sales，institutional investors and the cross section of stock returns. Journal of Financial Economics，78：277～309.

Narayanamoorthy G. 2006. Conservatism and cross-sectional variation in post-earnings announcement drift. Journal of Accounting Research，44：763～787.

Odean T. 1998. Volume，volatility，price，and profit when all traders are above average. Journal of Finance，53：1887～1934.

Odean T. 1999. Do investors trade too much? American Economic Review，89：1279～1298.

Panageas S. 2006. The neoclassical q theory of investment in speculative markets. Working Paper，University of Chicago.

Peng L，Xiong W. 2006. Investor attention，overconfidence and category learning. Journal of Financial Economics，80：563～602.

Polk C，Sapienza P. 2009. The stock market and corporate investment：a test of catering theory. Review of Financial Studies，22：187～217.

Poon S H，Taylor S J. 1992. Stock returns and volatility：an empirical study of the U. K. stock market. Journal of Banking and Finance，16：37～59.

Poterba J M，Summers L H. 1986. The persistence of volatility and stock market fluctuations. American Economic Review，76：1142～1151.

Reed A V. 2007. Costly short-selling and stock price adjustment to earnings announcements，Doctor Degree Dissertation Submitted to University of Pennsylvania，Pro Quest Dissertation &Thesis.

Reinhart C，Rogoff K. 2009. This Time is Different. Princeton：Princeton University Press.

Sadka R. 2006. Momentum and post-earnings-announcement drift anomalies：the role of liquidity risk. Journal of financial Economics，80：309～349.

Sadka R，Scherbina A. 2007. Analyst disagreement，mispricing，and liquidity. Journal of Finance，62：2367～2403.

Scharfstein D S，Stein J C. 1990. Herd behavior and investment. American Economic Review，80：465～479.

Scheinkman J A，Xiong W. 2003. Overconfidence and speculative bubbles. Journal of Political Economy，111：1183～1220.

Scherbina A. 2004. Analyst disagreement，forecast bias and stock returns. Working Paper，University of California，Social Science Research Network(SSRN).

Sharpe W F. 1964. Capital asset pricing：a theory of market equilibrium under conditions of risk. Journal of Finance，19：425～442.

Shiller R J. 2000. Irrational Exuberance. Princeton：Princeton University Press.

Simsek A. 2010. Belief disagreements and collateral constraints. Working Paper，Harvard University.

Tversky A，Kahneman D. 1981. The framing of decisions and psychology of choice. Science，211：453～458.

Varian H R. 1985. Divergence of opinion in complete markets：a note. Journal of Finance，40：309～317.

Varian H R. 1989. Difference of opinion. Working Paper，University of California，Berkeley.

Watts R L. 1978. Systematic “abnormal” returns after quarterly earnings announcements. Journal of Financial Economics，6：127～150.

Wu G. 2001. The determinants of asymmetric volatility. The Review of Financial Studies，14：837～859.

Wurgler J，Zhuravskaya E. 2002. Does arbitrage flatten demand curve for stocks? Journal of Business，75：583～608.

Xiong W. 2012. Bubbles, crisis, and heterogeneous beliefs. Working Paper, Princeton University.

Xiong W, Yan H. 2010. Heterogeneous expectations and bond markets. Review of Financial Studies, 23: 1433～1466.

Xiong W, Yu J. 2011. The Chinese warrants bubble. American Economic Review, 101: 2723～2753.

Xu J. 2007. Price convexity and skewness. Journal of Finance, 62: 2521～2522.

Yeh L, Lee T. 2001. The interaction and volatility asymmetry of unexpected returns in the greater China stork markets. Global Finance Journal, 1～2: 129～149.

Zhang X F. 2006. Information uncertainty and stock returns. The Journal of Finance, 61: 105～137.